AF337673

RÔLE

DU

CAPITAINE CHANCE

DANS LA GUERRE DE 1870

PAR

ERNEST BOTTARD

Ancien élève de l'école polytechnique.

RÔLE

DU

CAPITAINE CHANCE

DANS LA GUERRE DE 1870.

Noùs n'avons pas l'intention de faire l'histoire de la guerre de 1870; il nous faudrait pour cela des documents qui ne sont pas entre nos mains; nous voulons seulement, par un résumé rapide, faire ressortir la mauvaise chance qui, dans toutes les circonstances, n'a cessé, jusqu'à la fin, de poursuivre nos malheureuses armées. En lisant le récit de cette funeste campagne, même dans les auteurs allemands qui, il faut bien le reconnaître, ont presque toujours montré une grande impartialité, on demeure étonné, en faisant la part la plus large à toutes les fautes que nous avons commises, de cette persistance de la fortune adverse.

Loin de nous la pensée de vouloir atténuer la gloire des armées allemandes et les désastres épouvantables qui nous ont accablés : ce serait puéril. Une grande nation qui veut vivre et reprendre la place qui lui est due doit, au contraire, avouer noblement ses défaites, les avoir sans cesse présentes à l'esprit et s'efforcer, par son courage, sa persévérance, sa ténacité à toute épreuve, de ramener la victoire sous les plis de son drapeau.

Dans l'étude que nous allons faire, la première des conditions est d'être impartial. Pour y arriver, il faut tâcher d'assister en philosophe ou, si l'on aime mieux, en témoin désintéressé, à la rencontre de deux grandes nations sur les champs de bataille, signaler sans aucun parti pris les fautes des combattants, quelle que soit la nationalité à laquelle ils appartiennent, montrer d'un côté quelles devaient être les conséquences de ces fautes et examiner de l'autre si ces conséquences ont été telles qu'elles devaient être. Dans le cas contraire, il y a chance pour l'un des combattants, et c'est précisément cette chance que nous nous proposons de bien mettre en évidence.

Avant la lutte, nous voyons du côté des Prussiens : des dispositions habiles, des préparatifs sérieux, faits depuis longtemps, et une supériorité numérique écrasante. Du côté des Français : une armée peu nombreuse mais une confiance illimitée dans cette armée, qui avait été jusque-là victorieuse en Crimée, en Italie, en Chine, au Mexique ; des espérances d'alliances incertaines, et enfin des réserves inscrites sur le papier mais qui n'avaient jamais manœuvré. Il ne serait pas juste, toutefois, de faire sur ce dernier point le moindre reproche au gouvernement de l'Empire. M. Thiers et les hommes du 4 Septembre doivent seuls en porter toute la responsabilité devant l'histoire.

Ainsi, dès le début, les Prussiens, sans aucune comparaison possible, avaient su sagement mettre tous les avantages de leur côté et avaient enlevé au hasard tout ce qu'il était possible de lui enlever. Le gouvernement français connaissait son état d'infériorité vis-à-vis de l'ennemi, et la preuve, c'est qu'il avait cherché, sous le ministère du maréchal Niel, à réorganiser toutes nos réserves. Il avait échoué, grâce, il est vrai, au peu de patriotisme et de clairvoyance des hommes de la gauche, mais il n'en commit pas moins une faute énorme en acceptant, avec une bravoure maladroite, la lutte que lui imposait M. de Bismarck, et surtout en en prenant, par une déclaration de guerre, toute la responsabilité, et devant la France et devant l'Europe. Il aurait pu et aurait dû gagner du temps en traînant les choses en longueur et faire rapidement des préparatifs qui n'étaient pas commencés. Un mois de gagné pouvait, en effet, peut-être lui donner le succès.

Dès le 15 juillet 1870, la guerre était déclarée, et le 10 août, malgré des efforts inouïs, on n'avait pu réunir sur nos frontières de l'est que quelques corps d'armée dont l'effectif montait à peine à 200,000 hommes. Déjà les Allemands envahissaient la France ; le prince royal de Prusse, à la tête de 189,000 hommes (IIIe armée), s'avançait du côté de Wissembourg, Strasbourg, tandis que du côté de Sarrebruck, Forbach, Metz, marchaient les 70,000 hommes du général Steinmetz (Ire armée), et par derrière, les 224,000 hommes du prince Frédérick-Charles (IIe armée).

L'ennemi attaquait donc avec 500,000 soldats, c'est-à-dire avec une supériorité numérique de 5 contre 2. De plus, il s'avançait à chaque extrémité de nos frontières de l'Est, suivant deux masses profondes qui devaient balayer devant elles, sans résistance possible, tous nos

petits corps d'armée échelonnés de distance en distance
et mal reliés entre eux. Cette disposition, adoptée pour
satisfaire probablement l'amour-propre de nos généraux,
était malheureuse, et le combat de Wissembourg ne
tarda pas à en montrer tout le danger.

Combat de Wissembourg *(4 août)*. — Le général
Abel Douai occupait Wissembourg avec sa division ; il
fut surpris par l'armée du prince royal d'une façon
assez inexplicable. Que pouvait une division? Résister
en s'illustrant. Le général Abel Douai tombe en héros,
et 500 de nos braves fantassins, renfermés dans le
château du Geisberg, après avoir repoussé tous les
assauts, ne cèdent qu'en voyant leurs murailles s'ouvrir et tomber sous le feu de trente pièces d'artillerie.

La division, grâce à cette belle résistance, se retire
par la route de Bitche sous la conduite du général
Pellé.

Cet échec fit comprendre tout ce que nos premières
dispositions avaient de défectueux ; on divisa les forces
françaises en deux parties : La première, sous les ordres
du maréchal de Mac-Mahon, comprenant : les 1er, 7e et
5e corps, fut opposée au prince royal ; la seconde, formée
de la Garde, des 2e, 3e et 4e corps, sous les ordres du
maréchal Bazaine, fit face au général Steinmetz et au
prince Frédérick-Charles.

Il était déjà trop tard ; les événements se précipitaient,
et il fut impossible à nos deux généraux en chef, avant
d'en venir aux mains avec l'ennemi, de prendre connaissance des hommes, des ressources et des éléments
que l'on venait de mettre à leur disposition. En effet, le

6 août, deux grandes batailles se livraient en même temps : la bataille de Frœschwiller et la bataille de Forbach.

BATAILLE DE FROESCHWILLER, — WOERTH, — REICHSHOFFEN *(suivant les auteurs) (6 août).* — Le maréchal de Mac-Mahon n'a pu réunir autour de lui que 46,000 hommes. Le 7ᵉ corps (général Félix Douai), en formation à Belfort, envoie seulement 6,000 fantassins, c'est-à-dire la division Conseil-Dumesnil, sans l'artillerie, qui n'arrive qu'à trois heures du soir. Le 5ᵉ corps, qui s'étendait de Bitche à Sarreguemines, fait complétement défaut ; la division Guyot-Lespart ne paraît, en effet, qu'à six heures du soir à Niederbronn, pour protéger la retraite. Bref, les 46,000 hommes de l'armée française se trouvent en présence des 189,000 hommes du prince royal, c'est-à-dire en présence de quatre armées de même force.

Une bataille engagée dans de pareilles conditions était perdue d'avance ; la bravoure opiniâtre de notre infanterie, les charges héroïques des cuirassiers de Reichshoffen ne pouvaient rien changer. Il fallait cependant combattre, mais combattre en se retirant, car abandonner nos frontières à l'ennemi sans coup férir eût fait pousser des cris d'indignation à la France entière.

Pour nous, qui connaissons exactement les forces respectives des deux adversaires et le résultat final, il nous est facile d'indiquer ce qu'il aurait été le plus avantageux de faire. Le maréchal de Mac-Mahon n'était pas dans le même cas ; il ignorait l'immense supériorité numérique de l'ennemi qu'il avait devant lui et pouvait, à bon droit, attendre à chaque instant l'arrivée du 5ᵉ corps sur le champ de bataille. Cette arrivée (20 ou 25,000 hommes au plus) lui aurait permis de faire une retraite en bon ordre, mais elle ne pouvait, contrairement à ce qui a été dit souvent, nous donner la victoire.

La bataille de Frœschwiller a donc été gagnée par les Prussiens, grâce aux bonnes dispositions de l'attaque et aux forces écrasantes qu'ils avaient su réunir sur le champ de bataille. La chance n'y est pour rien. Cependant, la présence du 5ᵉ corps, qui pouvait et devait se trouver sur le champ de bataille, aurait atténué la défaite et empêché l'affreuse déroute qui en fut la suite. Cette déroute, causée par une panique et non par la poursuite de l'ennemi qui, épuisé lui-même, s'arrêta devant la division Guyot-Lespart, porta un coup mortel à la confiance et à la discipline de cette armée. Quelque temps après, à peine réorganisée et avant d'avoir pu se remettre d'une pareille secousse, elle tombait malheureusement sous les murs de Sedan.

Un autre fait est encore à signaler : le prince royal, après un premier engagement, avait donné l'ordre de remettre le combat au lendemain. Cet ordre ne put être exécuté, parce que le Vᵉ corps prussien (général Kischbach) était trop engagé et ne pouvait reculer sans danger. Ce fut malheureux pour nous, car il est probable que si la bataille eût eu lieu le 7 au lieu du 6 août, le maréchal de Mac-Mahon aurait eu des renseignements plus précis sur la force de l'ennemi et aurait été appuyé par le corps du général de Failly.

BATAILLE DE FORBACH *(6 Août).* — Le général Fros-

sard (2ᵉ corps, 25.000 hommes), après avoir fait une
pointe heureuse sur Sarrebruck, que la garnison allemande fut forcée d'abandonner, succès d'ailleurs qui
n'avait aucune importance, s'était retiré en arrière dès
le 5 août, tout en continuant cependant de couvrir
Forbach et les forges de Stiring. Le général Steinmetz, qui faisait face à nos troupes, était encore
loin en arrière, et n'avait qu'une avant-garde de
7,000 hommes à proximité (brigade du VIIᵉ corps.
général de François).

En apprenant ce mouvement de recul, il crut à une
retraite. Enchanté de devancer le prince Frédérick-
Charles qui, placé d'abord en seconde ligne, devait
passer en avant et prendre le rôle principal de l'attaque,
il donna l'ordre au général de François de passer la
Sarre et de marcher à l'ennemi. Cette manœuvre exé-
cutée, le général de François se trouva avec 7,000 hommes, ayant une rivière à dos, devant 25,000 combattants soutenus par le corps du maréchal Bazaine à trois
ou quatre lieues en arrière. La bataille commença à
onze heures du matin, à trois heures au plus tard, toute
l'armée française, c'est-à-dire 65,000 hommes, pouvait
être sur le lieu de l'action.

Les Prussiens arrivent en toute hâte et successivement, et malgré tout ne peuvent, à cinq heures du
soir, réunir que 25,000 fantassins avec une nombreuse
artillerie et un grand nombre de cavaliers. Dans de pareilles conditions, et cela est hors de doute, ils devaient
subir une déroute complète. Hélas ! le capitaine *Chance*
combattait avec eux. Les Français, au lieu d'accabler
l'ennemi par leur masse, se contentent, depuis onze heu-

res jusqu'à cinq heures du soir, d'envoyer quelques renforts aux troupes engagées et restent, par leur faute, inférieurs en nombre jusqu'à la fin de l'action. Quant au maréchal Bazaine, malgré le bruit du canon et malgré l'avis officiel donné par le général Frossard, avis qui lui arriva vers une heure, il ne se rend pas compte de la situation, reste immobile et donne des ordres tellement peu précis aux divisions de secours, qu'elles n'arrivent sur le terrain qu'après la retraite du 2ᵉ corps (général Frossard). Ainsi donc l'erreur, et pour parler plus exactement la faute commise par les généraux allemands, et même par leur grand quartier général, faute qui devait amener la défaite de l'armée du général Steinmetz, leur valut, au contraire, une victoire, puisqu'elle eut pour résultat la retraite forcée des 2ᵉ et 3ᵉ corps français. Ces derniers se dirigèrent sur Metz, tandis que le même jour les débris de l'armée du maréchal de Mac-Mahon s'enfuyaient en désordre vers le camp de Châlons.

Ces deux défaites subies presque à la même heure mirent le quartier général français dans le plus grand désarroi. On fit paraître un ordre du jour assez malheureux, et peu fait pour rendre la confiance à l'armée, on passa d'une résolution à une autre, et du 6 au 13 août, ce ne fut qu'ordres et contre-ordres. Le 6ᵉ corps (maréchal Canrobert) fut d'abord envoyé à Metz, puis dut revenir au camp pour retourner une seconde fois et définitivement à Metz. Cependant, trois régiments de la division Bisson et les réserves d'artillerie et de cavalerie ne purent le rejoindre, car dès le 12, le chemin de fer était coupé à Pontà-Mousson, par les troupes du prince Frédérick-Charles.

Enfin, le 13 août, les 2e, 3e, 4e, 6e corps et la Garde, étaient réunis autour de Metz sous le commandement du maréchal Bazaine, en tout 150,000 hommes, dont 12,000 cavaliers et 6,000 artilleurs. C'était une belle et noble armée, pleine d'ardeur et de courage, malgré nos récents revers, et capable des plus grandes choses.

La retraite sur Verdun-Paris fut décidée. On devait passer la Moselle à Metz. Le 2e corps (général Frossard) occupait les bords de la Seille, en avant de Peltre et de Magny. Le 3e corps (général Decaen) ayant son centre à Borny, appuyait sa droite au fort Queuleu et sa gauche au fort Bellecroix. Le 4e corps (général Ladmirault) campait sous le fort Saint-Julien, à la gauche du 3e corps ; le 6e corps (maréchal Canrobert) était à Montigny, entre les deux rivières Seille et Moselle, et enfin la Garde occupait Metz.

BATAILLE DE BORNY *(14 août)*. — Le passage de la Moselle commença par le 2e corps, qui vint s'établir à Rozerieulles, sur la route de Gravelotte à Verdun. Ce mouvement est suivi par le 6e corps, qui se porte sur la gauche de cette même route. Les 3e et 4e corps devaient effectuer leur passage en même temps et aller se placer à la droite des deux autres ; mais le 4e corps avait à peine commencé à franchir la rivière, que l'ennemi (Ire armée, Steinmetz — Ier corps, Manteuffel, arrivé récemment d'Allemagne) se montrait et prenait l'offensive.

Sur les trois heures et demie, la moitié environ de

l'armée du général Steinmetz, précédée d'une brigade de 7,000 hommes commandée par le général de Goltz, part du village de Laquenexi et se jette sur le centre du 3e corps français (général Decaen), cantonné à Borny. Pendant ce temps-là, le Ier corps (général Manteuffel), suivant les routes de Sarrebruck et de Sarrelouis, repousse tout d'abord la division française Grenier, mais il est lui-même arrêté par le général Ladmirault, qui accourt avec toutes ses forces. Le général Manteuffel voit bientôt sa droite débordée par les Français. et malgré tous ses efforts, se trouve rejeté sur le VIIe corps allemand. Ce dernier, pressé lui-même par le général Decaen, est obligé de se retirer en désordre, malgré les secours du IXe corps prussien, extrême droite de l'armée commandée par le prince Frédérick-Charles.

Si le maréchal Bazaine, qui avait assisté à la bataille, au lieu de se retirer après avoir repoussé victorieusement l'ennemi, sans donner aucun ordre, eût prescrit au général Ladmirault de continuer son mouvement, et s'il l'eût fait appuyer par la Garde et les troupes du maréchal Canrobert qui n'avaient pas encore passé la Moselle, le Ier et le VIIe corps allemands auraient été rejetés sur la Seille et auraient éprouvé un désastre complet. Le lendemain matin, leurs débris auraient été recueillis par le VIIIe et le IXe corps prussiens accourus à leur secours, mais cette armée démoralisée se serait trouvée en face de toutes les forces françaises, qui pouvaient repasser la Moselle pendant la nuit et la matinée, et aurait été vraisemblablement dispersée à son tour. Le prince Frédérick-Charles ne pouvait intervenir, car à part le IXe corps dont nous venons de parler et qui formait son extrème droite, il s'était lancé avec toutes ses troupes dans la direction de Verdun. Son but en agissant ainsi était de couper la retraite aux Français, qu'il croyait fort avancés de ce côté.

On peut s'étonner à bon droit que le maréchal Bazaine ait laissé échapper une occasion aussi belle; il avait reçu l'ordre, il est vrai, d'effectuer sa retraite, mais n'était-ce pas l'assurer que de détruire une partie de l'armée ennemie? De plus, en cas de succès, il rendait la marche du prince Frédérick-Charles fort dangereuse, la IIᵉ armée n'ayant plus ses derrières assurés. Somme toute, Borny fut une victoire pour les Français, mais une victoire inutile.

Quant au quartier général allemand, en donnant l'ordre d'attaquer, il commit une faute grave, qui devait avoir pour conséquence, comme nous l'avons démontré, un désastre plus ou moins complet pour l'armée du général Steinmetz. Il voulait, a-t-il dit, retarder la retraite de l'ennemi et permettre ainsi au prince Frédérick-Charles de le devancer à Verdun; soit, mais pour donner quelques heures d'avance à une armée, devait-il s'exposer à en perdre une tout entière? La vérité est qu'il croyait n'avoir à faire qu'à quelques troupes d'arrière-garde. Nous allons voir, du reste, les Allemands persister dans cette erreur jusqu'à la bataille de Gravelotte, et cette erreur devait, malgré leur supériorité numérique, compromettre le succès de la campagne. Il nous semble impossible de le contester. S'il n'en fut rien, c'est qu'un mauvais génie semblait troubler nos généraux et rendre nos succès même inutiles.

BATAILLE DE GRAVELOTTE *(16 août)*. — Le lendemain du combat de Borny, c'est-à-dire le 15 août, le 4e corps (général Ladmirault) et le 3e corps, sous les ordres du maréchal Lebœuf (le général Decaen ayant été blessé mortellement à Borny), passèrent tranquillement la Moselle et vinrent occuper les positions qui leur étaient assignées dans le mouvement de retraite sur Verdun.

Le 2e corps (général Frossard) marchait à droite de la route de Verdun, qui passe par Rezonville et Mars-Latour ; le 6e corps (Canrobert) marchait à gauche de cette même route. Le 3e corps (maréchal Lebœuf) s'avançait à la droite du maréchal Canrobert par la route d'Étain à Verdun, pendant que le 4e corps (Ladmirault), se portant encore plus à droite, suivait la route de Briey à Verdun. Enfin, la Garde venait derrière le corps du général Frossard.

Ainsi donc, l'armée française tout entière était réunie et n'était plus, comme à Borny, séparée en deux parties par la Moselle. L'ennemi, persistant toujours dans son erreur, c'est-à-dire croyant n'avoir affaire qu'à une arrière-garde, se jette de nouveau sur elle à neuf heures et demie du matin et attaque le 2e corps (général Frossard). Celui-ci, soutenu par la Garde vers le milieu de la journée, repousse vigoureusement les assaillants, tandis que le reste de l'armée française, par une conversion à gauche, leur fait face et déborde bientôt leur aile gauche. Les Allemands avaient commencé l'attaque avec 50,000 hommes, les secours leur arrivèrent successivement, mais ces secours ne purent tout au plus porter le nombre de leurs combattants qu'au chiffre de 100,000 hommes et seulement au commencement de la nuit, tandis que dès la seconde moitié de la journée, les 150,000 Français se trouvaient tous au feu et engagés.

Aussi ces derniers eurent-ils, pendant toute la bataille, un avantage bien évident. A plusieurs reprises et surtout vers les trois heures, au moment où le général Ladmirault, arrivant avec ses troupes sur le champ de bataille, fit plier l'aile gauche de l'ennemi, il eût suffi de se porter en avant pour le rejeter sur la Moselle et lui faire éprouver une déroute complète ; il était alors dans un désordre inexprimable. Le prince Frédérick-Charles arriva en ce moment sur le lieu de l'action, mais seul de sa personne, car le gros de ses forces était beaucoup trop éloigné pour prendre part au combat. La cavalerie allemande se dévoua pour sauver l'armée, mais cette armée ne dut son salut qu'à l'inaction et à l'irrésolution du maréchal Bazaine qui, comme à Borny, ne sut pas profiter de sa victoire. Il semble n'avoir eu, pendant toute la journée, qu'une seule préoccupation, celle de ne pas laisser couper ses communications avec la ville de Metz.

Les Français n'avaient eu affaire qu'à deux corps de l'aile droite du prince Frédérick-Charles pendant la plus grande partie de cette journée. Les VIIe et VIIIe corps (Ire armée Steinmetz), campés après Borny entre Seille et Moselle, ne purent venir à leur secours que vers le soir et ne seraient arrivés, si le maréchal Bazaine avait été mieux inspiré, que pour être écrasés à leur tour. Les Allemands, tout en avouant la position critique de leurs troupes pendant tout ce combat, se sont vantés, et cela avec juste raison, de n'avoir pas cependant abandonné le champ de bataille.

Le lendemain matin, le maréchal pouvait encore recommencer la lutte avec avantage ; il n'en fit rien et resta dans l'inaction, tandis que le prince Frédérick-Charles, revenu de l'erreur qui devait lui être si fatale, employait cette journée du 17 à faire revenir en toute hâte ses troupes vers Metz.

Le 18 août, au matin, se contentant de laisser en observation, sur la rive droite de la Moselle, le Ier corps (Manteuffel) et deux divisions de cavalerie, il réunit l'armée du général Steinmetz à la sienne et se prépara, à la tête de 250,000 hommes. à attaquer les Français.

BATAILLE DE SAINT-PRIVAT *(18 août)*. — Le maréchal Bazaine appuie sa gauche à Metz en faisant placer le 2e corps (général Frossard) sur le revers de la Moselle, de Moulins à Rozerieulles ; le 3e corps (maréchal Lebœuf), prenant la droite du 2e, occupe, en remontant vers la route de Briey à Verdun, les fermes du Point-du-Jour, de Moscou, etc. Le 4e corps (général Ladmirault), suivant la même direction, se déploie sur les hauteurs jusqu'à Amanvilliers et transforme en redoutes les fermes de Leipsick et de la Folie. Enfin, le 6e corps (maréchal Canrobert), qui devait d'abord s'arrêter à Verneville, trouvant cette position masquée par des bois impossibles à éclairer, se porte à l'extrême droite et vient occuper les villages de Saint-Privat-la-Montagne et de Sainte-Marie-aux-Chênes, près la route de Briey.

Les Allemands opposent aux 2e, 3e et 4e corps français, trois corps à peu près d'égale force (VIIe, VIIIe, IXe) et portent le reste de leur armée (garde royale, 12e,

XIIIe, X[e] corps) sur l'aile droite ennemie, c'est-à-dire
sur le 6e corps (Canrobert), de manière à le tourner, à
l'accabler et à le ramener vers Metz.

De son côté, le maréchal Bazaine, loin d'envoyer des
secours à cette aile droite, accumule toutes ses ressources
à sa gauche, de manière à ne pas être coupé de Metz.
Les deux généraux en chef tendent donc au même but :
le résultat ne peut être douteux.

La bataille commence à midi ; les généraux Frossard,
Lebœuf, Ladmirault, se défendent avec succès et ont
même un avantage marqué sur leurs adversaires, tandis
que les quatre corps allemands, dont nous avons parlé,
se portent jusqu'à la route de Briey pour se rabattre
sur l'aile droite (6e corps). Ce mouvement est long. A
cinq heures du soir, le maréchal Canrobert abandonne
Sainte-Marie-aux-Chênes et Roncourt, qui ne sont plus
que des monceaux de ruines, et se concentre de Saint-
Privat à Amanvilliers. La journée s'achève, les Saxons,
qui doivent prendre Canrobert à revers, ne paraissent
pas encore ; la garde prussienne, avec une bravoure
admirable, s'élance à l'attaque des positions françaises,
mais décimée, écrasée, elle est repoussée avec des
pertes énormes. Enfin, à l'arrivée des Saxons, Canrobert, attaqué à droite, en avant et par derrière, se décide
à abandonner Saint-Privat, après avoir subi un assaut
désespéré. Il est nuit noire, les Allemands épuisés ne
songent même pas à poursuivre nos soldats. Le lendemain seulement, ils connurent leur succès en voyant
l'armée ennemie se replier sur Metz. Ils étaient arrivés
à couper aux Français la route de Paris ; la journée
était bien à eux, et il faut le dire hautement, leurs

2

opérations avaient été parfaitement conduites et combinées.

Quant au plan du maréchal Bazaine, il reste à l'état d'énigme. Avait-il l'intention de rester à Metz? la bataille de Saint-Privat était inutile. Voulait-il au contraire se diriger sur Verdun? pourquoi ne songeait-il pas à occuper la route de Briey, pourquoi ne faisait-il pas appuyer par la Garde disponible, le corps de Canrobert qui, s'il eût été soutenu seulement par la moitié de cette troupe d'élite, eût conservé Saint-Privat haut la main? Ajoutons encore que le 6e corps, sur lequel devait peser tout le poids du combat, n'avait même pas ses réserves d'artillerie qui, comme nous l'avons indiqué plus haut, étaient restées au camp de Châlons.

Cela dit, hâtons-nous d'ajouter qu'après avoir perdu à Borny et à Gravelotte les plus belles occasions d'écraser l'ennemi, il était sinon impossible, du moins difficile de faire une retraite, ayant sur son flanc une armée de 250,000 hommes possédant une cavalerie fort supérieure.

Le meilleur était, selon nous, de ne pas livrer la bataille de Saint-Privat et de se replier sur Metz, comme cela a eu lieu après cette bataille ; de se laisser entourer par cette armée de 250,000 hommes qui, forcée de s'étendre sur un long circuit pour arriver à ce but, se serait affaiblie sur chaque point. A peine ce mouvement effectué, et avant de laisser les Prussiens s'établir dans leurs nouvelles positions, faire de jour, de nuit, des sorties continuelles, dans lesquelles on était toujours sûr d'avoir l'avantage par cela même qu'étant maître du point d'attaque et du moment de cette attaque, on pouvait disposer de forces numériques écrasantes. Au bout de quinze jours, trois semaines, après avoir démoralisé, fatigué, décimé l'ennemi, il fallait livrer une grande bataille en appuyant sur deux ou trois points de la circonférence, ou même se contenter de percer la ligne pour se porter au-devant du maréchal de Mac-Mahon.

Avant Saint-Privat, le plan que nous venons d'indiquer avait pour lui toutes les chances de succès ; même après ce combat, il devait réussir. Il est évident, pour nous du moins, que 200,000 assiégeants développés sur un immense circuit, doivent toujours avoir le dessous contre une armée de 120,000 combattants réunis, s'appuyant sur une place forte de premier ordre, et ayant deux mois de vivres, c'est-à-dire deux mois pour écraser l'ennemi dans vingt sorties différentes.

Il n'en fut malheureusement pas ainsi, le maréchal Bazaine ne fit que deux sorties, le 25 et le 31 août, sorties mal combinées et qui toutes deux, on ne sait pourquoi, ne commencèrent que vers les quatre heures du soir. Dès lors il demeure dans l'inaction, et au lieu de se renfermer dans ses attributions de général en chef, il se laisse aller à des calculs politiques déplorables et en arrive enfin à livrer à l'ennemi l'une des plus belles et des meilleures armées que la France ait jamais eues. Ajoutons, car tout s'enchaîne, que si les hommes du 4 Septembre, mettant de côté l'intérêt de la patrie, n'avaient pas renversé le gouvernement juste au moment où les Allemands étaient au cœur de la France, le maréchal Bazaine n'eût pas fait ces calculs politiques ; il se serait contenté d'agir en soldat, et cela eût été un grand bonheur et pour le pays et pour lui-même.

Le prince Frédérick-Charles, en cherchant à faire prisonnière une armée tout entière, sur laquelle il avait eu tant de peine à avoir l'avantage à Saint-Privat, entreprenait une tâche difficile et périlleuse, dont il vint à bout, grâce à ses bonnes dispositions et à sa ténacité, mais grâce surtout à l'inertie de notre général en chef.

C'est sur ce dernier que doit retomber la responsabilité d'un désastre jusqu'alors inconnu dans notre histoire militaire. Cette responsabilité est d'autant plus grande que c'est pour lui tendre la main qu'une autre armée, dernière ressource de la France, après avoir tenté une marche impossible à travers les ennemis, est venue tomber à Sedan.

BATAILLE DE SEDAN *(2 Septembre)*. — Après la défaite de Frœschwiller, le maréchal de Mac-Mahon avait gagné le camp de Châlons avec les débris du 1ᵉʳ corps. Arrivé le 17 août, en même temps que l'Empereur, il se trouva dès le 21 à la tête d'une armée de 100,000 hommes. Elle était formée du 7ᵉ corps (général Félix Douai) qui arrivait de Belfort à Reims, du 5ᵉ corps (général de Failly), du 12ᵉ corps (général Trochu) organisé au camp, des réserves d'artillerie et de cavalerie qui n'avaient pu rejoindre Canrobert, et enfin de ce qui restait du 1ᵉʳ corps. Le général Ducrot remplaça dans le commandement du 12ᵉ le général Trochu, qui fut envoyé comme gouverneur dans la capitale, avec les mobiles de Paris, qui se distinguaient surtout par leur indiscipline.

L'armée abandonna le camp et se retira à Reims. Elle reçut immédiatement l'ordre du conseil de Régence de se porter au secours du maréchal Bazaine. Voici quel était le plan imaginé : se dérober à la IIIe armée allemande (prince royal), qui s'avançait de Nancy sur Paris, et attaquer la IVe armée d'observation de la Meuse (prince de Saxe), formée des IVe et XIIe corps, de la garde- prussienne, troupes empruntées à l'armée du prince Frédérick-Charles, et du IIe bavarois, tiré de l'armée du prince royal. Cette armée était destinée à relier entre elles celles des deux princes prussiens.

On admettait que les troupes réunies des maréchaux de Mac-Mahon et Bazaine avaient à peu près la même force numérique que celles du prince Frédérick-Charles et du prince de Saxe, ce qui était vrai. Ce plan qui, en cas de défaite de la IVe armée, devait aboutir à la délivrance du maréchal Bazaine, était-il tout à fait impossible ? Non, mais il avait contre lui toutes les probabilités. Comment espérer, en effet, de faire passer inaperçue une armée de 100,000 hommes à côté de celle du prince royal qu'elle devait longer pendant un certain temps ! C'était jouer l'avenir de la France en se confiant complétement au hasard, et exposer le maréchal de Mac-Mahon à être enveloppé par les deux armées allemandes, ce qui est arrivé. Il valait beaucoup mieux suivre le plan de ce dernier ; il était plus sage, plus rationnel. On devait, selon lui, se retirer devant les troupes du prince royal, en cherchant à profiter de toutes les occasions favorables pour les attaquer, les attirer sous les murs de Paris et leur livrer alors bataille avec toutes les forces que l'on aurait pu réunir. De cette manière, on ne laissait rien au hasard, et en cas d'insuccès, on avait une retraite assurée. Quoi qu'il en soit, l'ordre était précis, il fallait obéir.

Le maréchal partit de Reims le 23 août, et pour éviter la IIIᵉ armée (prince royal), il remonte vers le Nord en se dirigeant sur Réthel, puis de là sur le Chêne-Populeux, où il arrive le 28 août, après avoir longé le nord de la forêt de l'Argonne, tandis que du côté sud de cette même forêt, apparaissait la tête de la IIIᵉ armée allemande qui menaçait déjà les derrières et le flanc droit des Français. Du Chêne-Populeux à la Meuse et à Verdun, la distance n'est pas très-considérable, et comme on n'avait aucune nouvelle du maréchal Bazaine, il était évident qu'il n'y avait plus à compter sur sa coopération. Il fallait dès lors, au plus vite, se tirer du mauvais pas, où l'on s'était engagé et déjà la retraite était commandée, quand un ordre encore plus formel du ministre de la guerre, força le commandant en chef de notre armée à se porter en avant.

Malheureusement, et on devait s'y attendre, les armées allemandes avaient connaissance de ces mouvements. Le prince royal avait en conséquence appuyé vers le Nord, tandis que la IVᵉ armée d'observation accourue sur la Meuse, y gardait le passage de cette rivière à Dun et à Stenay.

Pour franchir la Meuse, le maréchal fut obligé de s'avancer jusqu'à Mouzon. La tête de son armée (1ᵉʳ corps, Lebrun ; 12ᵉ corps, Ducrot) se porte sur la rive droite, tandis que le 5ᵉ corps (Failly) et le 7ᵉ corps (Douai) restent sur la rive gauche.

Pendant ce temps-là, la IVᵉ armée allemande franchissait à son tour la Meuse et attaquait le 5ᵉ corps, qu'elle forçait à venir se réfugier, non sans avoir éprouvé de grandes pertes, entre le 1ᵉʳ et le 12ᵉ corps. Quant au

7ᵉ corps (général Douai), pour échapper au prince royal, qui arrivait lui aussi de son côté, il remontait en toute hâte vers le Nord, abandonnant ses bagages à l'ennemi. Puis la IVᵉ armée suivant le prince royal et croyant, comme lui, poursuivre toute l'armée française, se dirigeait vers le Nord, serrant de près le général Douai.

Sur la rive droite de la Meuse, restait donc, par un hasard étrange, les 1ᵉʳ, 12ᵉ et 15ᵉ corps sans ennemis devant eux. Ils pouvaient sans obstacle se porter sur Metz, et dans ce cas, l'armée du prince Frédérick-Charles, prise entre les deux maréchaux Bazaine et de Mac-Mahon, eût, suivant toutes probabilités, essuyé une défaite complète. Le lendemain ou le surlendemain, on se serait trouvé en présence des deux armées allemandes qui seraient revenues sur leurs pas, et des restes de celle qui aurait été battue. On pouvait alors, ou faire face, ou se retirer par les Vosges. C'était un coup de main hardi, qui devait plaire à des Français ; mais ce projet, hâtons-nous de le dire, avait contre lui bien des chances contraires. Le 7ᵉ corps tout entier faisait défaut, le 5ᵉ corps, après le combat de Beaumont, où il avait perdu 5,000 hommes, était démoralisé et peu en état de supporter les fatigues d'une longue marche ; d'un autre côté, il était à craindre que les deux armées allemandes, qui s'acharnaient à la poursuite du 7ᵉ corps vers le Nord, ne s'aperçussent immédiatement de leur erreur, et que, retournant sur leurs pas, elles ne fermassent toute retraite à notre dernière armée, vouée dès lors à une destruction certaine. Pour nous, qui connaissons en ce moment la position des ennemis et surtout l'affreux désastre de Sedan, nous regrettons vivement que ce coup de main n'ait pas été tenté : il pouvait et devait réussir. Nous concevons parfaitement, cependant, que le maréchal, qui ne pouvait avoir des renseignements bien précis sur les mouvements de ses adversaires, ait jugé plus prudent de se reporter au Nord pour se rapprocher du 7e corps dont il était séparé. Malheureusement, au lieu de presser sa retraite sur Mézières, il s'arrêta le 31 à Sedan. Connaissant mal les forces et les positions allemandes, il crut pouvoir, en s'appuyant sur cette place forte, barrer le passage de la Meuse. L'armée française entoura donc la ville ; le 7e corps, qui avait rejoint l'armée, était rangé sur les hauteurs de Floing ; le 1er et le 5e corps occupaient les bords de la Chiers (rivière), en s'avançant vers Carignan ; le 12e corps était établi à Bazeilles, Balan, et s'étendait sur les bords de la Meuse en protégeant la retraite du côté de Mézières.

La IVe armée allemande, revenue de son erreur, avait déjà repassé la Meuse dès le 31 août, et se portait rapidement vers Carignan, de manière à couper la retraite à l'armée française du côté de Montmédy. Pendant ce temps-là, la 3e armée (prince royal) avançait aussi vite que possible dans la direction de Mézières, pour se mettre entre cette ville et nos troupes et même, en continuant le mouvement, pour leur couper, s'il était possible, la retraite du côté de la Belgique et les entourer ainsi complétement.

Le 2 septembre à la pointe du jour, le 1er Bavarois commence l'attaque du côté de Bazeilles. A sept heures du matin, le maréchal de Mac-Mahon, blessé et mis hors de combat, remet le commandement au général Ducrot. Celui-ci se hâte de faire commencer la retraite du côté de Mézières. Ce mouvement était à peine commencé que le général Wimpffen, qui avait remplacé le général de Failly comme chef du 5ᵉ corps, réclame, en vertu de son ancienneté et d'un ordre du ministre de la guerre, le commandement suprême, et fait reprendre aux troupes leurs anciennes positions. Son projet était de s'ouvrir un passage au sud, à travers les ennemis. Cette idée était encore plus impraticable que la retraite tardive commencée par le général Ducrot, retraite qui aurait peut-être sauvé une partie de l'armée en sacrifiant l'autre. Ainsi, de sept à neuf heures du matin, trois changements de généraux en chef, ordres, contre-ordres, par suite, confusion dans l'armée. Pendant ce temps-là, les Allemands continuaient sans aucune opposition leur mouvement tournant, et vers quatre heures du soir, suivant l'expression d'un officier ennemi, expression originale, triviale même si l'on veut, mais qui peint parfaitement la situation, l'armée française était au fond d'un chaudron, dont tous les bords hérissés d'artillerie étaient occupés par les Allemands.

La résistance était dès lors impossible ; les projectiles pleuvaient sur nos troupes de tous les côtés à la fois ; le champ de bataille fut abandonné, et le 3 septembre, cette armée qui s'était battue avec une bravoure admirable, se rendait prisonnière.

Grâce aux belles manœuvres de l'ennemi et à son énorme supériorité numérique, notre armée, en s'arrêtant à Sedan, devait subir un désastre, mais non être faite prisonnière. Il a fallu, pour en arriver là, que, dans l'espace de deux heures, le commandement en chef ait passé dans les mains de trois généraux différents, dont deux au moins avaient des plans diamétralement opposés, plans que chacun d'eux a poursuivis et appliqués à une heure d'intervalle. Au milieu du désordre qui en est résulté, nos troupes, dont l'organisation, laissait déjà, dès l'origine, beaucoup à désirer, perdirent le peu de cohésion qu'elles avaient conservé, et l'ennemi put achever facilement la manœuvre d'investissement qu'il avait si habilement commencée. En un mot, le capitaine *Chance* a secondé les Allemands de tout son pouvoir, dans cette circonstance où ils n'avaient certes pas besoin de son appui.

Les généraux ennemis, laissant la garde des prisonniers au Ier bavarois et au XIe prussien, se dirigèrent avec leurs forces réunies sur Paris. Dès le 4 septembre, le gouvernement impérial avait été renversé, et ce changement arrivant après le funeste désastre de Sedan, porta le trouble dans notre organisation politique et militaire et acheva de paralyser le peu de ressources qui nous restaient. L'histoire, tôt ou tard, flétrira justement ces hommes qui ont osé, au moment où la France agonisait, faire passer leur rancune et leur ambition avant l'intérêt du pays. Leur ignorance, leur incapacité, dont les funestes effets se font à chaque instant sentir dans les derniers épisodes de cette malheureuse guerre, ont aggravé encore, s'il est possible, ce crime de lèse-nation.

DEUXIÈME PARTIE.

Jusqu'à la bataille de Sedan, la France put espérer ressaisir l'avantage, mais après cette effroyable défaite, elle était vaincue ; il ne s'agissait plus pour elle que d'obtenir la paix aux conditions les moins désavantageuses. Quelques dures qu'eussent été les exigences des vainqueurs, elle devait les subir, à la condition toutefois qu'il n'y aurait pas cession de territoire. Cette cession était malheureusement demandée, et nous sommes de ceux qui avons vu la France, non sans désespoir, mais avec une certaine fierté, relever d'une main affaiblie son épée déjà brisée et essayer de lutter encore·

Dans cette seconde partie de la guerre, nous serons encore plus concis que dans la première ; nous nous contenterons d'indiquer les grandes lignes générales, en nous efforçant surtout de faire ressortir, car c'est le but de cette brochure, l'adversité constante qui ne cesse de poursuivre notre malheureux pays. Une fois encore, au moment de la bataille de Coulmiers, un rayon d'espoir vint éclairer notre ciel si sombre ; il disparut presque aussitôt grâce aux conceptions étranges et à l'inexpérience de M. Gambetta et de ses conseillers. Les intentions étaient bonnes sans doute, mais on ne naît pas général ; on ne le devient qu'avec le temps, l'étude et la pratique. C'est une chose épouvantable de voir tomber des milliers de braves gens sur un champ de bataille parce qu'il plaît à quelques hommes incapables de jouer aux soldats du fond de leurs cabinets.

Les Allemands arrivèrent à Paris le 16 septembre, obligés d'observer certaines places et même de faire le siége de quelques-unes d'entre elles qui, se trouvant sur leur passage, gênaient leurs mouvements de communication, ils n'avaient plus que 160,000 soldats dont 25,000 cavaliers et un nombre d'artilleurs suffisant pour servir **622** bouches à feu. Nous ne pouvons parler des siéges des différentes places fortes ; nous nous contenterons de donner les noms des principales et les dates de leurs redditions.

Noms des villes	Siége commencé le	Reddition	Nombre des assiégeants
Strasbourg	9 août	28 septembre	60,000
Toul	16 août	23 septembre	15,000
Verdun	24 août	30 octobre	
Metz	19 août	27 octobre	200,000
Laon	—	9 septembre	
Thionville	—	24 novembre	
Montmédy	—	14 décembre	
Mézières	—	31 décembre	
Paris	16 septembre	28 janvier	250,000

En général, ces villes ne furent pas défendues avec la vigueur nécessaire, et cela, cependant, était d'autant plus indispensable que beaucoup d'entre elles gênaient les lignes de communication de l'ennemi et retenaient sous leurs murs ou aux environs de nombreux soldats, ce qui, par cela même, diminuait d'autant l'effectif des armées envahissantes. Ajoutons que les Allemands, dans tous ces siéges, ont montré une barbarie peu en usage chez les nations civilisées et ont usé et abusé du bombardement.

Ce bombardement n'a eu, en général, aucun effet utile sur les ouvrages de défense et sur les défenseurs. Tuer de pauvres bourgeois inoffensifs, détruire leurs habitations et quelquefois même des chefs-d'œuvre d'architecture et de sculpture, sont des cruautés inutiles et dignes des sauvages. Sans doute on ne fait pas la guerre avec du sentiment, mais on doit toujours respecter les lois établies par la civilisation, car de représailles en représailles, on en arriverait certainement à fusiller les prisonniers et les blessés pour peu qu'ils devinssent gênants.

L'armée allemande, comprenant 160.000 hommes, vint donc mettre le siége devant Paris, n'ayant à compter pour le moment que sur elle-même. Bien plus, elle fut immédiatement obligée de détacher 8,000 hommes sous la conduite du prince Albrecht fils, qui se dirigea sur Toury, où il arriva le 26 septembre afin d'éclairer le pays entre Paris et Orléans. Sans contredit, l'armée assiégeante était bien organisée et aguerrie par les nombreuses victoires qu'elle avait remportées ; mais pour envelopper Paris il fallait étendre ces 152,000 soldats sur un circuit de trente lieues environ, et se garder en outre et du côté du Nord et du côté d'Orléans, où de nombreux corps étaient déjà en formation. C'était une entreprise d'une témérité inouïe, presque folle, et qui, selon nous, n'avait aucune chance de réussir. Les Alle-mands ont cependant triomphé de toutes les difficultés ; ce sera pour eux un éternel honneur, et pour nous un éternel sujet de regrets et de confusion. On a beaucoup parlé de l'héroïque défense de Paris ; hélas, non-seulement cette défense ne fut pas héroïque, mais elle fut au contraire d'une faiblesse incroyable ! Laissons parler les faits.

Au moment de la guerre, le maréchal Lebœuf, et un peu plus tard son successeur au ministère de la guerre, le général Cousin-Montauban, avaient successivement appelé sous les drapeaux tous les gardes mobiles et tous les anciens militaires jusqu'à l'âge de 35 ans. Après Sedan, le gouvernement du 4 Septembre fit entrer dans la garde nationale, les célibataires, les veufs sans enfants et même, à la date du 17 octobre, les hommes mariés jusqu'à 40 ans. C'est avec ces ressources que s'organisèrent nos différentes armées du Nord, de la Loire et de l'Est.

Au 16 septembre, au moment de l'apparition des Prussiens devant Paris, la garnison de cette ville se composait des corps Vinoy et Renault, formant un total de 60,000 hommes, de 20,000 marins et de 100,000 hommes de garde mobile, sans compter la garde nationale en voie de formation. Cette garnison était donc de 180,000 hommes, chiffre bien supérieur aux 152,000 ennemis. Sans doute ces corps à part, les marins, troupe d'élite, et deux vieux régiments venus de Rome (35ᵉ et 42ᵉ) laissaient beaucoup à désirer sous le rapport des cadres et de la solidité; mais maîtres de l'heure et du lieu de l'attaque, ils étaient toujours sûrs d'avoir une immense supériorité numérique sur les assiégeants.

Les forces allemandes, il est vrai, ne tardèrent pas à s'accroître ; ce ne fut toutefois que le 21 octobre qu'ils purent réunir 250,000 hommes, dont 32,000 cavaliers et 15,000 artilleurs. En ce moment, la garnison parisienne, qui avait déjà vu le feu, était bien plus aguerrie et pouvait être évaluée, y compris la garde nationale, à 400,000 hommes. Ajoutons à cela que jusqu'au 20 novembre, époque de l'arrivée de l'armée du prince Frédérick-Charles, et même après cette arrivée, les assiégeants furent

obligés de détacher de 40 à 50,000 hommes pour observer et combattre les armées de secours. Les forces pari-
siennes étaient donc environ doubles des forces ennemies,
et si elles leur étaient très-inférieures sous le rapport de
la solidité, elles avaient un avantage immense, celui
d'être concentrées et de pouvoir être réunies sur le point
d'attaque.

Les chiffres que nous donnons sont rigoureusement
exacts. Comment se fait-il donc que, dès l'arrivée de
l'ennemi devant Paris, la garnison se soit renfermée
dans les forts et la place, sans même essayer de dispu-
ter les alentours? Comment se fait-il qu'elle ait laissé
les Prussiens l'envelopper tranquillement sur un circuit
de trente lieues? N'est-on pas en droit de s'étonner que
cette garnison, composée de jeunes gens pour la plupart
pleins d'ardeur et de courage, que l'on pouvait exercer
et conduire au feu presque tous les jours, et cela jusqu'au 28 janvier, ne soit pas arrivée à former une armée
aussi aguerrie que celle de l'ennemi et capable de lui
tenir tête même en rase campagne? Hélas! il faut bien
le dire, c'est que le gouverneur de Paris, le général
Trochu, plein de bonnes intentions sans doute, fut bien
loin d'être à hauteur de sa tâche. Notre mauvaise chance
a encore voulu qu'au lieu d'avoir pour chef de l'armée de
Paris un homme ferme, entreprenant, sachant inspirer
la confiance, l'ardeur, le dévouement à ses troupes, on
ait eu un homme qui, avant même d'avoir essayé, déses-
pérait déjà, on ne sait pourquoi, du succès de la défense
dont il avait cependant accepté toute la responsabilité.
On a beaucoup parlé du plan du général Trochu, quel-
que-uns mêmes ont douté de son existence; ce plan,

cependant, existait réellement. Il consistait à faire évader 40 à 50,000 hommes de la garnison de Paris, et ce fut même pour arriver à ce résulat qu'eut lieu la bataille de Champigny. Ce plan était : 1° très-dangereux, car il est à peu près certain que ces 40,000 ou 50,000 hommes, mettons même 70,000, auraient été entourés par l'ennemi, après une ou deux journées de marche ; 2° il est très-difficile à comprendre. Comment ! un général a sous la main une armée de 200,000 hommes, à peu près aguerrie, armée qui peut s'appuyer d'abord sur 200,000 gardes nationaux, dont 100,000 organisés en bataillons de marche, et ensuite sur une population de 1,500,000 âmes qui, malgré ses nombreux défauts, a du moins quelque courage, et tous les efforts de ce général ne tendent qu'à rompre, qu'à diminuer ces forces réunies avec tant de peine !

Il y a là quelque chose d'étrange. Sans doute, le gouverneur avait à craindre 40 ou 50,000 gardes nationaux, peu disposés à se battre contre l'ennemi, mais tout prêts à tirer sur leurs compatriotes, et ils l'ont bien prouvé le 31 octobre à l'Hôtel-de-Ville, et plus tard pendant la Commune ; mais était-il donc si difficile de mettre en évidence leur mauvais esprit, et de les désarmer aux acclamations de toute l'armée et de toute la population !

En résumé, Paris se contenta de repousser les attaques de l'ennemi et sans se servir sérieusement des forces immenses qu'il possédait, il attendit que la province vînt le délivrer. Cette province du moins (le Midi excepté), fit de nobles et vaillants efforts.

Il nous reste à indiquer sommairement les principaux épisodes du siége. Le 30 septembre, les Prussiens attaquent Chevilly, le 13 octobre, Châtillon et Bagneux, le 21 octobre, Bougival et Jonchères, et le 28 octobre, le Bourget. Dans les trois premières sorties, 20,000 hommes au plus furent engagés, et après quelques succès, ces troupes, ne recevant aucun renfort, furent obligées de se retirer. Dans la quatrième sortie, le Bourget fut enlevé et occupé, mais cette position importante fut reprise dès le 30, sans même qu'il ait été fait quelques préparatifs sérieux pour la défendre.

Le 31 octobre, les membres du Gouvernement sont faits prisonniers à l'Hôtel-de-Ville, par 5 ou 6,000 gardes nationaux commandés par Blanqui et Flourens, et délivrés presque aussitôt.

BATAILLE DE CHAMPIGNY.— Le 30 novembre, le général Ducrot fait une tentative pour sortir de Paris et donner la main à l'armée de la Loire. Il passe la Marne le 30 au matin; le monticule de Montmesly et le village d'Épinay près Saint-Denis sont occupés; d'un autre côté, Champigny et la route barricadée du chemin de fer de Mulhouse sont enlevés, mais nos troupes sont arrêtées par les murs crénelés de Villiers et Cœuilly. Il aurait fallu de l'artillerie, et chose incroyable, on ne trouve pour renverser ces murailles qu'une batterie de mitrailleuses. Le capitaine Sazilly, qui la commandait, se fit tuer sans pouvoir naturellement obtenir aucun résultat, et le mouvement fut arrêté. L'attaque, comme toujours, fut mal combinée, il n'y eut aucun ensemble.

Nos soldats, cependant, restèrent maîtres des positions conquises, mais au lieu de reprendre l'offensive dès le 1er décembre, on laissa l'ennemi réunir de nombreux renforts et ce fut lui qui, le 2 décembre, attaqua les positions qu'il avait perdues. Il fut repoussé victorieusement; mais le soir, Villiers et Cœuilly tenant toujours, on repassa la Marne sans faire de nouveaux efforts. Ainsi finit la bataille de Champigny. Elle n'eut, hélas! d'autre résultat que de permettre à M. Gambetta de consommer la ruine de notre malheureuse armée de la Loire. Sans se donner la peine de prendre des renseignements précis, il confond Épinay-sur-Seine, occupé par les Parisiens, avec Épinay-sur-Orges, annonce à toute la France une victoire éclatante et prescrit à l'armée de la Loire, battue déjà à Beaune-la-Rolande par le prince Frédérick-Charles, de se porter quand même en avant. Bien plus, il ne laisse au général en chef, au vainqueur de Coulmiers, que le commandement du centre et garde pour lui et ses conseillers le commandement de l'aile droite et de l'aile gauche (trois corps d'armée). L'issue ne pouvait être douteuse; l'armée coupée, battue, fut rejetée au-delà de la Loire; Orléans tomba au pouvoir de l'ennemi, et avec cette armée dispersée, s'évanouit le dernier espoir de la France.

Le 2 décembre, les Allemands bombardent Paris, mesure barbare et inutile. Le 19 janvier, une dernière sortie (bataille de Buzenval) est tentée par le Mont-Valérien du côté de Versailles; elle n'est pas mieux conduite que les précédentes et reste sans résultat. Le général Trochu est remplacé par le général Vinoy et quelques jours plus tard, le 28, a lieu la reddition de Paris.

Pendant que le général Trochu, au lieu de chercher à fatiguer et même à détruire les armées allemandes qui l'entouraient par des sorties continuelles, se laissait aller à une inertie déplorable, attendant tout de la province, celle-ci, avec une activité et une énergie admirables rassemblait des soldats et défendait contre l'ennemi notre territoire envahi. Les provinces du Midi firent tache à ce tableau et ne prirent pour ainsi dire aucune part à cette lutte patriotique. M. Gambetta leur avait cependant envoyé à profusion des armes de toute espèce, tandis qu'il n'en trouvait pas pour nos braves Bretons du camp de Conlie : funestes effets de l'esprit de parti qui, dans ces graves circonstances, ne peuvent plus être qualifiés de fautes, mais bien de crimes de lèse-nation.

ARMÉE DU NORD. — M. Estancelin réunit les gardes nationales et organisa la résistance en Normandie, tandis que du côté de Lille les premières troupes eurent pour commandant supérieur le docteur Testelin, aidé du colonel du génie Fare, qui fut bientôt nommé général. Dès le 22 octobre, le général Bourbaki fut mis à la tête du 22ᵉ corps à peine formé ; mais rappelé presque immédiatement sur la Loire après la prise d'Orléans, il en laissa la direction au général Fare. L'artillerie du Nord eut pour organisateur habile le général Treuil de Beaulieu.

Après la prise de Metz, une partie de la 1ʳᵉ armée allemande (45,000 hommes) vint s'établir, sous les ordres du général Manteuffel, entre Rouen et Amiens et remplacer le petit corps de troupes du prince Albrecht père, qui rejoignit l'armée assiégeant Paris.

Le 26 novembre, le général Manteuffel marcha sur Amiens défendue par le 22ᵉ corps (général Fare). Les

Français, quoique vaincus à Villers-Bretonneux, se battirent bravement; les pertes furent égales de part et d'autre (1,500 hommes environ), mais les Allemands firent 1,200 prisonniers. De plus, ce succès fit tomber entre leurs mains Amiens, Lafère et Rouen.

Dès le lendemain de Villers-Bretonneux, le général Faidherbe remplaça dans le commandement le général Fare. Un 23e corps commença à se former sous sa direction et il livra successivement aux Allemands les batailles de l'Hallue, de Bapaume et de Saint-Quentin.

La bataille de l'Hallue (23 décembre) reste indécise ; à Bapaume (2 et 3 janvier), les Français eurent un avantage marqué ; à Saint-Quentin (18 février), ils furent battus, ayant à lutter contre 50,000 ennemis et 162 bouches à feu. Cette dernière bataille, que le général Faidherbe se décida à livrer dans les plus mauvaises conditions, avait pour but de délivrer Paris qui devait se rendre quelques jours plus tard, le 28 janvier. La victoire fut vaillamment disputée; les pertes furent égales de part et d'autre ; l'armée française se retira pendant la nuit avec tous sés canons, laissant quelques milliers de prisonniers aux mains du vainqueur.

En résumé, la campagne du Nord fut admirablement conduite par le général Faidherbe. Infatigable, entreprenant, il attaqua souvent avec succès, se dérobant quand il craignait d'être accablé par le nombre et reparaissant quelques jours plus tard aux yeux de l'ennemi tout étonné de le retrouver debout. Il montra, en un mot, pendant la durée de son commandement, toutes les qualités d'un bon général en chef.

Armée de la Loire. — Cette armée qui devait devenir de beaucoup la plus importante de toutes nos armées de province, eut d'abord pour noyau quelques détachements qui, aidés par les francs-tireurs livrèrent de petits combats aux 8,000 hommes du prince Albrecht fils, détachés de l'armée assiégeant Paris. Dès le 21 septembre, le commandement de tous ces détachements fut donné au général de La Motte-Rouge ; ils formèrent alors un 15e corps de trois divisions, assez mal partagé sous le rapport de l'artillerie et de la cavalerie.

Vers le 5 octobre, une division de cavalerie allemande ayant été repoussée jusqu'à Étampes (combat de Toury), le roi de Prusse détacha de Paris un corps d'armée (Ier bavarois) et une division prussienne qui, appuyée d'une forte artillerie, et de deux divisions de cavalerie reçurent l'ordre, sous le commandement du général de Tann, de disperser les troupes françaises.

Le choc eut lieu près d'Angerville ; les Français battus perdirent trois canons, quelques milliers de prisonniers et furent ramenés près d'Orléans. Ils essayèrent, mais en vain, de défendre cette ville, et durent se retirer jusqu'à Salbris. Le général de Tann se contenta d'occuper Orléans, sans oser s'enfoncer dans la Sologne.

Le 11 octobre, le général d'Aurelles de Paladines succéda au général de La Motte-Rouge. En bon administrateur, il commença d'abord par établir une discipline sévère. Pendant la fin du mois d'octobre, tous les mobiles et les anciens militaires jusqu'à 35 ans rappelés par le ministre Cousin-Montauban, furent organisés et formèrent cinq nouveaux corps d'armée numérotés depuis quinze jusqu'à vingt, dont quatre (15ᵉ, 16ᵉ, 17ᵉ, 18ᵉ) constituèrent l'armée de la Loire.

Ils avaient devant eux 50,000 Allemands, 20,000 à Chartres sous le commandement du grand-duc de Mecklembourg et 30,000 à Orléans sous les ordres du général de Tann. Les Français étaient donc de beaucoup supérieurs en nombre, mais très-inférieurs comme qualité, sachant peu ou point manœuvrer. Le général d'Aurelles, dès le 17 octobre, forma le projet de séparer les 20,000 hommes du grand-duc de Mecklembourg des 30,000 du général de Tann, d'envelopper ces derniers et de les faire prisonniers. Malheureusement on ne savait ni marcher ni se transporter rapidement dans les armées françaises, et ces corps de nouvelle formation étaient encore bien plus difficiles à mouvoir.

Pour arriver au résultat indiqué, on devait reculer de Salbris jusqu'à Vierzon, prendre le chemin de Tours, gagner Mer, pendant que le général Martin des Pallières, partant de Gien avec sa division, remonterait vers le Nord jusqu'à Chevilly, pour se mettre ainsi entre les Bavarois et Paris.

Tous ces mouvements exigèrent douze grands jours, du 27 octobre au 9 novembre. Les 15ᵉ et 16ᵉ corps, qui avaient gagné Mer, se portent le 9 au matin sur Coulmiers ; le 15ᵉ corps, après avoir enlevé le village de La Rivière et le parc de La Renardière, vint prêter aide au 16ᵉ dans l'attaque de Coulmiers. Les Bavarois furent battus, on leur prit deux canons et 2,000 prisonniers, mais le général de Tann put se retirer sur Toury, le général Martin des Pallières étant arrivé trop tard à Chevilly (le 9 au soir) pour prendre part à l'attaque.

En ce moment, les 17ᵉ et 18ᵉ corps et même un 20ᵉ corps s'ajoutaient aux 15ᵉ et 16ᵉ corps, vainqueurs à Coulmiers. L'immense supériorité numérique de l'armée française lui permettait de s'ouvrir un chemin jusqu'à Paris, de le délivrer et même de faire courir de grands risques à l'armée assiégeante. Malheureusement, le siége de Metz avait pris fin quinze jours trop tôt; une chance contraire nous poursuivait toujours; le prince Frédérick-Charles, à la tête de 70,000 soldats aguerris, accourait en toute hâte sur la Loire, sentant parfaitement la position critique de l'armée assiégeante. Dès le 15, on signalait ses avant-gardes du côté de Pithiviers, et le 24 novembre, son armée était concentrée à Beaune-la-Rolande. Pendant ce temps-là, les troupes du général de Taann, réunies à celles du grand-duc de Mecklembourg, et placées sous les ordres de ce dernier, s'avançaient du Mans vers la forêt d'Orléans, pour opérer leur jonction avec celles du prince. Ce dernier prenait le commandement de toutes les forces allemandes.

Ainsi, Metz tombait juste au moment où l'armée qui faisait face au maréchal Bazaine devenait indispensable au roi de Prusse pour continuer le siége de Paris. Cette reddition arrivant quinze jours plus tard, suivant toutes les probabilités, le siége de la capitale eut été levé, et les armées de Paris, de la Loire et du Nord opérant leur jonction, auraient formé un total de 450,000 hommes, assez mal équipés, mais déjà aguerris, sans compter les 200,000 gardes nationaux de Paris, dont 100,000 organisés en bataillons de marche.

Ces troupes, s'appuyant sur la capitale et ses forts, auraient présenté aux Allemands, déjà fatigués, un obstacle qu'il leur aurait été bien difficile de franchir. Dans de pareilles conditions, la paix était probable, mais sans cession de territoire.

Il avait fallu jusqu'au 15 novembre pour organiser les 15e, 16e, 17e, 18e, 20e, 21e et 22e corps. Si nos mobiles avaient eu déjà l'instruction militaire ou même un commencement d'instruction, cette organisation aurait été bien plus rapide et nous aurait fait gagner largement, sans nul doute possible, ces quinze jours qui nous ont fait défaut. Quels remords pour ces hommes du 4 Septembre, qui firent échouer les projets du maréchal Niel !

Le malheur nous poursuivait d'une manière implacable, mais nous l'avions mérité par notre imprévoyance. Cependant, après l'arrivée du prince Frédérick-Charles, tout n'était pas encore désespéré, quand M. Gambetta, sortant de la sage réserve qu'il avait jusqu'alors observée, se crut appelé à diriger les opérations de nos armées et voulut, malgré son inexpérience et son incapacité, en prendre le commandement. Nous reconnaîtrons volontiers, car nous voulons être juste, que M. Gambetta eut le mérite de secouer la somnolence de ses collègues de Tours, qui manquaient un peu trop d'activité. Malheureusement, quand il fallut équiper, chausser, armer nos soldats, ces opérations d'une importance capitale furent conduites par lui avec une légèreté, une incurie sans exemple. On dépensa des centaines de millions, et en échange, nos soldats reçurent des vêtements de papier, des souliers de carton et des armes de mauvaise qualité, qui ont fait le désespoir de ceux qui ont servi en 1870.

Il était cependant bien simple de suivre les anciens errements et de mettre un frein à l'infâme cupidité de fournisseurs peu scrupuleux, en constituant des commissions de réception et de contrôle, formées d'un certain nombre d'officiers. Avec ces commissions, les opérations auraient marché avec la même rapidité, mais auraient donné des résultats tout autres.

Après la bataille de Coulmiers, on se trouvait en présence de 120 à 130,000 combattants, par suite de la réunion des troupes du prince Frédérick-Charles avec celles du grand-duc de Mecklembourg. La marche sur Paris devenait donc impossible; il fallait avant tout livrer une bataille et la gagner. Le général d'Aurelles avait pour lui la supériorité du nombre, mais il sentait bien que ses soldats, nouvellement formés, ne pouvaient, sans grave danger, supporter en rase campagne le choc d'une armée victorieuse. Les efforts qu'il avait fallu faire pour vaincre 30,000 Allemands, lui faisaient redouter, maintenant qu'ils étaient 130,000 un désastre complet. Il s'était donc hâté de fortifier Orléans en construisant autour de cette ville, de distance en distance, dès redoutes garnies de pièces de fort calibre et était résolu à attendre l'attaque de l'ennemi, dans cette espèce de camp retranché. C'était en effet ce qu'il y avait de plus sage ; Paris pouvait tenir jusqu'au 24 janvier, on avait donc deux grands mois devant soi et il y avait réellement folie d'aller au-devant des Allemands quand on pouvait les attendre dans une position formidable. Si l'on n'était pas sûr de vaincre, on mettait du moins bien des chances de notre côté.

C'était d'ailleurs le moment de diriger sur Belfort cette expédition du Sud-Est qui, tentée un mois et demi plus tard, dans des circonstances déplorables, après la la défaite complète de l'armée de la Loire, devait avoir de si tristes résultats. L'idée, en elle-même, était excellente ; tous les officiers sentaient parfaitement, en effet, que le point faible des ennemis était précisément cette grande ligne de communication qui s'étendait depuis les frontières de l'Allemagne jusqu'à Paris et qu'il était, sinon facile, du moins possible de couper. Ce résultat obtenu, la position des Prussiens devenait difficile ; suivant toutes les probabilités, il leur aurait fallu lever le siége de Paris, revenir en arrière et c'était le but vers lequel tendaient tous les efforts des Français. On pouvait laisser trois corps d'armée dans le camp retranché d'Orléans, et envoyer à Belfort trois autres corps d'armée qui auraient combinés leurs mouvements avec les troupes des généraux Cremer et Garibaldi, cantonnées aux environs de Dijon. Les Allemands n'avaient aucune force sérieuse de ce côté et ce plan avait bien des chances de réussir. Mais, hélas ! il fallait compter avec M. Gambetta et ses deux conseillers, MM. de Serre et de Freycinet. Ces hommes, complétement étrangers à toute notion et à toute expérience militaires, n'hésitèrent pas, sans tenir compte des représentations de nos généraux, à vouloir, du fond de leurs cabinets, diriger le mouvement de nos armées. C'est là le propre de l'ignorance. Les résultats furent ce qu'ils devaient être et ne se firent pas longtemps attendre.

M. Gambetta et ses collègues décidèrent qu'il fallait aller au-devant des Allemands, bien plus, ils gardèrent le commandement des deux ailes de l'armée (17ᵉ, 18ᵉ, 20ᵉ corps), et ne laissèrent au général d'Aurelles que le commandement du centre (15ᵉ et 16ᵉ corps). Les 18ᵉ et

20ᵉ corps devaient attaquer, sur le flanc gauche, le prince Frédérick-Charles, qui avait concentré ses troupes à Beaune-la-Rolande, tandis que les 15ᵉ et 16ᵉ corps se porteraient directement contre lui. Enfin le 17ᵉ corps, occupant la forêt de Marchenoir, était destiné à observer les troupes du grand-duc de Mecklembourg qui, arrivant du Mans, se dirigeaient par Bonneval, Vendôme, sur Orgères, Pourpry, Artenay, afin d'opérer leur jonction avec celles du prince.

Pour qu'il y ait ensemble dans une attaque, il est indispensable, et c'est là une des notions les plus élémentaires, que toutes les troupes obéissent au commandement d'un seul et il faut encore que ce général en chef soit présent sur le lieu de l'action. Rien de tout cela n'existait, comme nous l'avons dit, grâce à M. Gambetta et à ses conseillers. Aussi le prince Frédérick-Charles, voyant arriver sur sa gauche les 18ᵉ et 20ᵉ corps, obéissant aux ordres du ministre, n'eut qu'à se reporter à l'est de Pithiviers, un peu au-dessus de Beaune-la-Rolande, pour isoler ces deux corps, les battre et les rejeter en désordre sur Gien. Se contentant alors de les faire observer par sa cavalerie, il se porta sur Artenay au-devant de l'armée du grand-duc pour l'appuyer au besoin. Le centre de l'armée française, séparé de l'aile droite (18ᵉ et 20ᵉ corps) par la forêt d'Orléans, ne put arriver à temps le **28** novembre pour prendre part à l'action. Dès le **29**, le grand-duc était à Orgères et le prince Frédérick-Charles regagnait Pithiviers ; les deux armées allemandes étaient réunies.

En pareille circonstance et après l'échec subi, il tait sage d'opérer une retraite sur Orléans ; malheureusement il fallait encore compter avec M. Gambetta. Ce dernier apprenant la sortie de Paris du 30 novembre, (bataille de Champigny) confond Épinay-sur-Seine avec Épinay-sur-Orges et ordonne impérieusement aux généraux de marcher sur Pithiviers. Dans ce mouvement, les 18ᵉ et 20ᵉ corps, complétement désorganisés, restent immobiles devant la cavalerie ennemie ; les 16ᵉ et 17ᵉ corps, après quelques succès (1ᵉʳ décembre), viennent se heurter le 2 décembre à Pourpry contre l'armée du grand-duc appuyée par celle du prince et sont dispersés. Enfin le 3 décembre, le prince Frédérick-Charles lance son armée contre le 15ᵉ corps, centre de l'armée française, et le rejette en désordre sur Orléans. Pendant la nuit, le général Martin des Pallières abandonne cette ville aux Allemands, à la suite d'une convention qui lui permet de franchir la Loire sans être inquiété. Malheureusement le désordre est tellement grand que l'on oublie de faire sauter le pont d'Orléans, ce qui permet, le 5 décembre, aux Prussiens de poursuivre le 15ᵉ corps en Sologne.

L'armée de la Loire était donc coupée en deux. Les 18ᵉ et 20ᵉ corps (général Bourbaki) se retirèrent du côté de Gien, pendant que les 17ᵉ et 16ᵉ corps, ralliés par le général Chanzy qui en devint le chef, s'arrêtaient à hauteur de Beaugençy, leur droite appuyée à la Loire, leur gauche, à la forêt de Marchenoir.

Le 15ᵉ corps, refoulé jusqu'à Vierzon, se joignit aux 18ᵉ et 20ᵉ sous le commandement du général Bourbaki ; tous les trois constituèrent la 1ʳᵉ armée de la Loire. La 2ᵉ armée de la Loire, sous les ordres du général Chanzy, fut formée des 17ᵉ et 16ᵉ corps auxquels on adjoignit un 21ᵉ corps (amiral Jaurès) et un 19ᵉ corps qui n'étaient alors qu'en formation. M. Gambetta, faisant naturellement retomber sur le général d'Aurelle la non réussite de ses conceptions étranges, lui avait enlevé tout commandement.

Les troupes du général Bourbaki étaient trop démoralisées pour pouvoir reprendre l'offensive ; le prince Frédérick-Charles se contenta de les faire observer et tourna tous ses efforts contre le général Chanzy. Ce dernier luttait avec une indomptable énergie ; placé comme nous l'avons dit à la hauteur de Beaugency, entre la Loire et la forêt de Marchenoir, il avait essayé d'arrêter la marche sur Tours du grand-duc, qui fut obligé d'appeler à son aide l'armée du prince.

Il fallut alors céder ; le général Chanzy se replia derrière le Loir, occupant Vendôme par sa droite et ayant sa gauche couverte par la forêt de Fréteval. Il fut suivi dans sa retraite par l'armée allemande, appuyée même par 7,000 hommes détachés de l'armée de Paris (le roi de Prusse comptait avec raison sur l'inertie du général Trochu). Attaqué en face et sur ses deux flancs après avoir repoussé l'ennemi, le général Chanzy fut encore obligé de chercher une nouvelle ligne de retraite. Le 16 décembre au matin, profitant d'un brouillard épais, il se déroba aux Allemands et après une marche pénible, il vint s'établir le 20 en avant du Mans derrière la rivière de l'Huisne.

Le prince Frédérick-Charles, craignant quelques tentatives de la part du général Bourbaki et désirant d'ailleurs donner quelque repos à ses troupes, abandonna la poursuite et revint sur Chartres et Orléans.

Le commandant en chef de la 2ᵉ armée de la Loire en profita pour mettre un peu d'ordre dans son armée profondément démoralisée ; quelques jours suffirent.

En ce moment, il reçoit avis du général Trochu que Paris ne pouvait tenir que jusqu'au 20 janvier et qu'il n'attendait son salut que de la province. Toujours infatigable et sentant que le temps pressait, le général Chanzy propose au gouvernement, alors réfugié à Bordeaux, de faire une attaque d'ensemble sur trois points différents : il marcherait par Dreux, le général Faidherbe se porterait sur Compiègne, tandis que le général Bourbaki, suivant la Marne, se dirigerait sur Château-Thierry.

C'était sans contredit ce qu'il y avait de mieux à faire ; peut-être aurait-on réussi, mais, hélas ! M. Gambetta et ses conseillers vinrent entraver ce projet qui pouvait seul, en cas de succès, faire lever immédiatement le siége de Paris. Le gouvernement de Bordeaux avait résolu d'envoyer à Belfort la 1ʳᵉ armée de la Loire (général Bourbaki), laissant ainsi le général Chanzy supporter seul l'attaque de toute l'armée du prince Frédérick-Charles.

Le 20 décembre, le commandant en chef de la 1ʳᵉ armée de la Loire reçoit l'ordre de partir pour Belfort avec les 18ᵉ et 20ᵉ corps, le 15ᵉ devait se mettre en marche quelques jours plus tard. Enfin le 24ᵉ corps (général Bressolles), qui était à Lyon, se rendait directement à Besançon pour appuyer le mouvement.

Les 18ᵉ, 20ᵉ et 15ᵉ corps d'armée étaient loin d'être remis de leurs fatigues des derniers combats ; leurs chaussures, leurs vêtements, étaient dans un état déplorable, les vivres même n'étaient pas assurés et préparés ; on comptait en trouver à Besançon, qui n'en put même pas donner pour huit jours. De plus, le temps était affreux et c'était pour ces jeunes troupes un voyage de soixante lieues. On usa de tous les moyens de transport par les voies ferrées ; mais, hélas ! les chemins de fer étaient encombrés et nullement préparés par des ordres donnés d'avance à recevoir nos soldats. Bref, le 20ᵉ corps s'embarqua à Bourges pour Châlons-sur-Saône, le 18ᵉ partit de Saincaize pour Chagny, le 15ᵉ, quelques jours plus tard, se dirigeait par Besançon sur Montbéliard. Grâce au désordre qui régnait partout, nos troupes auraient eu plus d'avantage à voyager par étapes que par les voies ferrées ; elles eurent plus de souffrances à supporter et arrivèrent beaucoup plus tard sur les lieux de l'action. Le 9 janvier seulement, elles furent en état de prendre l'offensive.

Les Allemands avaient mis tout ce temps perdu à profit, le général Werder attendait les Français avec 60,000 hommes, tandis que le général Manteuffel s'avançait en toute hâte avec deux corps d'armée pour les prendre de flanc et en arrière ; il marchait sur Vesoul, passant entre Langres bloquée et Dijon occupée par Garibaldi.

Les Français prirent l'offensive le 9 janvier à dix heures du matin et remportèrent d'abord un succès à Villersexel sur l'avant-garde ennemie. Du 9 au 12 janvier, ils se concentrèrent au village de Villersexel et partirent de là pour aller attaquer le général Werder qui les attendait en arrière de la Lizaine (rivière), entre Montbéliard et Frahier. Par un froid de 14°, le combat commença le 15 janvier avec acharnement mais sans aucun résultat décisif. Les Français entrèrent dans la ville de Montbéliard, mais le château, ancienne place forte, resta fortement occupé par l'ennemi. A Lure, à Héricourt, à Chagey, on n'avait rien obtenu.

Le 16, le combat recommence, la ligne allemande résiste partout, excepté à droite, où le général Cremer s'empare de Chenebier, repoussant les Allemands jusqu'à Frahier. Le 16, à huit heures du soir, puis le 17 à trois heures du matin, deux attaques sont tentées, la première sur Bethencourt, la seconde sur Héricourt mais sans succès. Nos troupes, épuisées par cette lutte de deux jours et d'une nuit et n'ayant plus de vivres, sont obligées, pour en trouver, de reculer jusqu'à Besançon. Elles y arrivent le 22 ; hélas ! 230 wagons chargés de fourrages, d'équipements et de vivres venaient d'être enlevés par le général Manteuffel qui déjà était sur le flanc droit de notre armée. On se décida alors à reculer jusqu'à Pontarlier, marchant entre le Doubs et la frontière suisse. Nos malheureux soldats manquant de tout étaient suivis par derrière par le général Werder, tandis que le général Manteuffel, tout en les menaçant sur le flanc, s'efforçait de les gagner de vitesse afin de les précéder à Pontarlier et de leur couper ainsi la retraite.

Garibaldi, avec ses 30,000 hommes, restait immobile à Dijon, se contentant de repousser le général Keller qui, par bravade, avait osé, avec une simple brigade, l'attaquer les 20, 21, 22 janvier. Jamais cependant son aide, sur lequel on comptait, n'aurait été plus utile ; sa simple présence eût sauvé notre armée.

Le malheureux Bourbaki, sans cesse occupé de rallier nos pauvres soldats qui, exténués de fatigue, démoralisés, se débandaient à chaque instant, essaye dans son désespoir de se suicider. Le général Clinchant lui succède et apprenant le 20 la reddition de Paris, il s'arrête, croyant naturellement être compris dans l'armistice. Les Allemands, mieux informés, continuent d'avancer et quand notre général, revenu de son erreur, veut continuer sa route, il était trop tard. L'ennemi entre à Pontarlier non sans combat et la plus grande partie de notre armée est obligée de se réfugier en Suisse. M. Jules Favre, par son inconcevable traité de Paris, achevant l'ouvrage de M. Gambetta, causait la mort de plusieurs milliers de nos malheureux soldats et anéantissait l'armée de l'Est (1re armée de la Loire).

Quant au général Chanzy, que nous avons laissé derrière la ligne de l'Huisne, quoique seul, il essaye bravement d'aller au secours de Paris et tente avec ses troupes un mouvement en avant, mais il est immédiatement attaqué par le prince Frédérick-Charles, avec quatre corps d'armée (80,000 hommes environ). Ce dernier se met en mouvement le 6 janvier. Les 6, 7, 8, 9, on se bat avec acharnement à partir du Loir et dès le 9 janvier, le prince s'établit à Bouloire, à huit lieues du Mans. Le combat continue le 10, les Allemands sont arrêtés partout; il en est de même le 11 jusqu'au milieu de la journée, mais vers le soir, les mobilisés de Bretagne qui gardent la *Tuilerie*, à l'extrême gauche de notre armée et qui n'ont pour se défendre que des fusils dont il est impossible de se servir, se débandent devant l'attaque du 10e corps prussien.. Le général

Chanzy est alors forcé d'opérer une nouvelle retraite sur Laval où le prince n'ose le poursuivre. La 2e armée de la Loire, quoique battue encore, restait cependant debout et se préparait à de nouveaux efforts quand arrive la nouvelle de la capitulation de Paris.

Le général Chanzy, presque inconnu avant la guerre de 1870, a montré dans cette campagne une activité, un talent, une énergie dignes d'admiration. Son armée, constamment battue, obligée de se retirer jusqu'à trois fois devant l'ennemi, a été, grâce à lui, maintenue dans ces circonstances difficiles et a lutté jusqu'à la fin. C'est là le propre d'un vrai général en chef.

Il est naturel, en terminant, de se demander quels sont les hommes qui ont eu une responsabilité plus ou moins grande dans cette terrible guerre et de rechercher ce qu'ils sont devenus.

L'Empereur a eu le tort de jeter la France dans cette funeste entreprise sans l'avoir suffisamment préparée. Il est mort en exil, sa famille y est encore.

Le maréchal Bazaine, en sortant de son rôle de général pour se mêler à des intrigues politiques, a perdu son armée. Il a été jugé et condamné à mort. Sa peine a été commuée; il vit actuellement à l'étranger.

M. Thiers qui, par sa haute influence sur la Chambre des députés et les funestes paroles qu'il a prononcées, est arrivée à faire rejeter la proposition du maréchal Niel, a contribué ainsi pour une large part à notre défaite. Il a été nommé président de la République, est mort comblé d'honneurs et a été conduit à sa dernière demeure par une partie de la population parisienne.

M. Gambetta a usurpé un pouvoir que la France ne

lui avait pas confié et a achevé de ruiner les dernières ressources de notre malheureux pays par son incapacité et ses folies stratégiques. Il est actuellement tout-puissant, fait et défait les ministres et espère, non sans raison, devenir président de la République. Son conseiller, M. de Freycinet, est aujourd'hui ministre.

Enfin, M. Jules Favre, l'auteur de cette capitulation de Paris, dans laquelle il a oublié de comprendre une armée tout entière et qui a causé ainsi la mort de plusieurs milliers de soldats, est assis dans un fauteuil de sénateur.

Quel sort différent pour les uns et pour les autres? Quel sujet d'étonnement pour nos descendants, quand, dégagés des passions politiques qui aveuglent la génération actuelle, ils liront les tristes pages de cette guerre fatale.

Résumons : l'Allemagne, par ses préparatifs, par les forces immenses qu'elle a su jeter sur le théâtre de la lutte, devait avoir l'avantage. Cependant, par la faute ou l'erreur de ses généraux, elle a été sur le point, à Spikeren, à Borny, à Gravelotte, d'éprouver des échecs dont il lui aurait été difficile de se relever. Heureusement pour elle, nos généraux n'ont pas su saisir ces occasions favorables et ces erreurs, par un hasard, par une chance inouïe, ont toujours profité à ceux qui les avaient commises.

Le siége de Metz ne devait pas réussir, car 120,000 combattants, qui avaient eu l'avantage à Borny, à Gravelotte et qui avaient résisté à Saint-Privat, ayant devant eux 250,000 hommes, devaient avoir raison de 200,000 ennemis disséminés sur un long circuit et dans tous les cas, pouvaient facilement sortir en brisant la résistance qui leur était opposée. A Sedan, l'armée française, par suite du mouvement imposé au maréchal de Mac-Mahon et des manœuvres habiles exécutées par les Allemands, se trouvait dans une mauvaise position, elle devait forcément subir un désastre, mais non être faite prisonnière. Pour en arriver là, il a fallu que, par une fatalité étrange, jusque-là sans exemple, le commandement ait passé dans les mains de trois généraux, dont deux, à une heure d'intervalle, ont adopté et fait exécuter deux plans diamétralement opposés.

Le siége de Paris a été une de ces témérités incroyables, couronnées par le succès, mais qu'après ce succès même, on ne peut s'empêcher de considérer comme une imprudence, pour ne pas dire plus, de la part des généraux allemands. 250,000 hommes, répartis sur un circuit de trente lieues, entouraient une ville de 1,500,000 âmes, comprenant une armée de 400,000 hommes, ayant pour quatre mois de vivres.

De plus, jusqu'à l'arrivée du prince Frédérick-Charles, et même après cette arrivée, les assiégeants ont été obligés, pour faire face aux attaques incessantes des armées de province, de distraire du siége des forces importantes et même des corps d'armée. Il a fallu toute l'inertie de l'armée parisienne pour assurer aux Allemands un succès pour ainsi dire impossible. Cela dit, hâtons-nous d'ajouter que ces derniers ont été admirables de ténacité dans cette seconde période de la lutte.

Presque toujours très-inférieurs en nombre dans tous les combats qu'ils ont eu à livrer, ils ont su, grâce à la discipline, à l'organisation puissante, à la confiance de leurs troupes, suffire à tous les besoins et leurs

généraux, loin de commettre les fautes que nous avons
signalées dans la première période, ont parfaitement
manœuvré.

Un instant, après la bataille de Coulmiers, leur position était devenue des plus critiques, mais le capitaine
Chance, qui leur a toujours été fidèle, a fait arriver,
juste au moment du besoin, l'armée du prince Frédérick-
Charles.

Dans cette seconde partie de la guerre, les soldats
n'ont pas manqué à la France ; nos armées étaient nombreuses, malheureusement, avant de les conduire au
feu, il fallait donner aux hommes une instruction au
moins élémentaire. Pour cela, deux grands mois furent
nécessaires et ce temps perdu par nous, si utilement
employé au contraire par les Allemands, a été la cause
réelle de notre défaite définitive. Qu'on juge d'après cela
de l'importance du projet présenté par le maréchal Niel
et de la responsabilité terrible que l'on est en droit de
faire peser sur ces hommes du 4 Septembre qui sont
arrivés à le faire rejeter. Ce rejet, les événements l'ont
prouvé, nous a valu la perte de l'Alsace et de la Lorraine
et de plus, la perspective d'une nouvelle guerre, plus
terrible encore peut-être que celle de 1870 et qu'il sera
bien difficile de conjurer.

Croire, en effet, que la France mutilée acceptera, avec
résignation et sans espoir de revanche, la triste position
qui lui est faite, serait une absurdité. Elle le voudrait
qu'elle ne le pourrait pas, car elle n'a pas le droit d'abandonner deux provinces, françaises de cœur, et qui n'ont
été séparées d'elle que par la violence. Ce ne serait plus
de l'abnégation, ce serait de la lâcheté. Que les gouver-

nements des vainqueurs et des vaincus échangent, par
l'organe de leurs diplomates, des paroles de paix et de
conciliation, rien de mieux, les convenances et la politesse
l'exigent, mais personne, dans les deux pays, ne se laisse
abuser, tout le monde est persuadé qu'une nouvelle
guerre est inévitable. L'Allemagne peut seule la conjurer
en nous rendant l'Alsace et la Lorraine. Le fera-t-elle ?
Non, suivant toutes les probabilités. Et cependant, cette
cession devrait déjà être faite, si l'empereur Guillaume
et M. de Bismarck, en laissant même de côté toute
question d'humanité, n'avaient pour guides que les vrais
intérêts de l'Allemagne. En prenant deux provinces à la
France, M. de Bismarck a commis la plus lourde faute
que puisse commettre un diplomate ; cette conquête n'est
et ne sera pour le vainqueur qu'un embarras et une
cause de difficultés inextricables. Quel que soit le sort
définitif de ces pays annexés, on peut affirmer sans
crainte qu'ils feront verser aux deux peuples bien du
sang et bien des larmes. La responsabilité tout entière
en retombera sur l'Allemagne.

Est-ce à dire pour cela que la France n'ait rien à se
reprocher ? Non, l'Empire a eu, selon nous, le grand tort,
après avoir travaillé noblement et de tout son pouvoir
à l'unité de l'Italie, de vouloir empêcher celle de l'Allemagne. Une nation de trente-huit ou quarante millions
d'habitants, fortement constituée comme la nôtre, n'avait
rien à craindre, et loin d'être de l'école de M. Thiers,
nous pensons au contraire qu'un peuple, quel qu'il soit,
n'a pas le droit, pour se grandir, de rendre les autres
malheureux. Si la Prusse nous a fait la guerre et n'a
pas craint, en nous la faisant, de jouer son existence,

c'est qu'elle sentait que cette unité, qu'elle voulait faire à son profit, n'était possible que par la défaite de la France. En convoitant les bords du Rhin, l'Empire avait tort encore; ces frontières semblent naturelles, il est vrai, mais les populations ne veulent pas de nous.

Hâtons-nous maintenant d'ajouter que la Prusse, à son tour, a abusé étrangement de la victoire, et a ainsi rendu par sa conduite toutes les représailles naturelles et légitimes. En inscrivant sur son drapeau cette fatale devise : «la force prime le droit», elle nous a ramenés à la barbarie et a jeté dans toute l'Europe un trouble profond. Les conséquences n'ont pas tardé à se manifester. La Russie, après avoir protégé l'Allemagne dans la guerre de 1870, est protégée à son tour par elle ; les voiles sont maintenant déchirés. Sans autre raison que son ambition et son immense supériorité militaire, elle s'est jetée sur la Turquie. Quelle étrange position faite à ces malheureux Turcs ! Ils ont affirmé leur vitalité avec énergie, ils se sont battus avec une bravoure admirable ; un instant la victoire a souri à leurs efforts ; l'Europe, leur protectrice, est intervenue aussitôt et les a forcés à pardonner à leur ennemi. Actuellement ils sont accablés, vaincus ; aucun de leurs protecteurs ne songe à les défendre et si l'on daigne s'occuper d'eux, c'est pour essayer de se mettre d'accord dans le partage de leurs dépouilles. Ce partage pourrait bien n'être que le prélude de nouvelles guerres.

Quant à nous, nous désirons sincèrement la paix, nous pensons que les victoires et les défaites ne prouvent absolument rien et nous voyons avec peine la force devenir, grâce aux théories allemandes, la seule règle de conduite des nations les unes envers les autres. Nous respectons les nationalités des autres peuples, mais nous voulons que la nôtre ne souffre aucune atteinte.

D'après cela, puisque la loi du plus fort semble devoir régner en souveraine, nous devons nous tenir sur nos gardes et ne reculer devant aucune dépense pour sauvegarder notre existence. Rappelons-nous sans cesse, d'ailleurs, qu'un jour la France a été tout étonnée d'apprendre que, malgré son exactitude à payer l'énorme rançon imposée par le vainqueur, malgré même son humilité devant les provocations d'outre-Rhin, elle avait été sur le point d'être envahie de nouveau par les Allemands. M. de Bismarck, préoccupé d'un côté de la faute qu'il avait commise, faute qu'il n'avait ni la volonté ni l'habileté de réparer, d'un autre côté inquiet de la vitalité de la France, n'hésitait pas, foulant aux pieds tout sentiment de justice, à frapper une seconde fois les vaincus. Cette invasion n'eut pas lieu, mais sans entrer dans l'examen des motifs qui la firent échouer, il nous suffira de rappeler que, sans provocation aucune, nous avons couru le risque d'être accablés une seconde fois. Ce qui est arrivé peut se renouveler encore.

Il faut donc examiner si actuellement nous sommes en état de résister à une agression imprévue, et quelque désagréable que puisse être la vérité pour notre amour-propre, la bien mettre en évidence.

L'armée prussienne ou allemande est nombreuse; son organisation, parfaitement en rapport avec l'état social et politique du pays, est excellente et laisse peu à désirer. L'armement est l'objet d'une sollicitude continuelle et de constants perfectionnements. Cette armée, grâce à ses victoires récentes, est pleine de confiance en elle-même et dans ses chefs. Cette confiance est une force immense, morale si l'on veut et qui peut disparaître à la suite de quelques défaites, mais dont il est nécessaire de bien tenir compte, surtout au commencement d'une lutte.

L'armée française, sous le rapport du nombre et de l'armement, n'a rien à envier à l'armée allemande. Son organisation laisse à désirer; nous en parlerons plus loin. La confiance qu'elle avait en elle-même et dans ses chefs est amoindrie et c'est un grand malheur. Les généraux allemands, il faut le reconnaître, bien qu'ils aient commis de nombreuses fautes, nous l'avons prouvé, ont été supérieurs aux nôtres. Ces derniers avaient cependant fait la guerre plus souvent que les premiers, car les généraux français ont presque tous gagné leur avancement dans les guerres d'Afrique, et c'est là précisément ce qui a été la cause de leur infériorité. Habitué en effet à commander des troupes peu considérables, dans des guerres d'embuscades, ils ont été embarrassés quand ils ont eu à diriger des armées nombreuses et à faire la grande guerre. En un mot, ils avaient perdu les traditions du premier Empire, tandis que leurs adversaires les avaient conservés religieusement. Bien avant 1870, dans un mémoire qui nous avait été demandé par l'école d'artillerie de Douai, nous avions exprimé à ce sujet des craintes qui n'ont été que trop justifiées. La guerre d'Afrique, en effet, forme de bons et d'excellents soldats, mais est une mauvaise école pour nos généraux. Nous avons reçu une rude leçon et comme nos officiers ne le cèdent aux officiers ennemis ni sous le rapport de l'instruction ni sous le rapport de l'intelligence militaire, nous sommes persuadés que cet élément d'infériorité aura complétement disparu lors d'une nouvelle campagne.

Nul ne peut prévoir l'avenir, mais dans le cas d'une guerre prochaine, nous croyons pouvoir dire que la résistance de notre côté sera beaucoup plus longue et plus sérieuse qu'elle ne l'a été en 1870. Surpris et accablés par le nombre, nous nous sommes trouvés, à cette époque, presque immédiatement vaincus et sans armées. L'ennemi n'avait plus pour nous dicter ses conditions qu'à marcher sur les troupes que nous nous efforcions de réunir en toute hâte et qui, par suite, ne pouvaient avoir assez de consistance pour l'arrêter.

Ainsi donc, dans un prochain conflit, conflit que nous ne désirons pas, mais qu'il faut prévoir, trois éléments de succès sont déjà acquis à l'ennemi : confiance en lui-même, peut-être exagérée, mais cependant naturelle, entrée facile par nos frontières de l'Est, organisation militaire plus ancienne et plus forte que la nôtre, sans parler de nos dissensions politiques qui nous ont été si fatales en 1870.

De notre côté, nous pouvons compter sur la supériorité de notre marine, sur les sympathies, en cas de succès, des populations de l'Alsace et de la Lorraine et enfin nous espérons que la faute, ou plutôt le crime, des hommes du 4 Septembre ne se renouvellera plus, et que nous saurons, quel que soit le gouvernement, République, Empire ou Monarchie, nous réunir et nous serrer autour de lui. De plus, notre unité est faite et indestructible ; celle de l'Allemagne est à peine commencée et peut s'effondrer à la suite de quelques revers.

Nous devons cependant nous tenir en garde contre

cette chance incroyable qui, depuis quelques années, favorise d'une façon extraordinaire les entreprises des Prussiens. Elle remonte au-delà de 1870, nous la voyons se manifester à la bataille de Sadowa aussi clairement que dans la dernière guerre. Les armées autrichiennes et prussiennes étaient, sous le rapport du nombre et de la valeur militaire, à peu près d'égale force (80,000 hommes chacune). L'armée autrichienne, condensée et réunie, attendait ses adversaires dans une position très-forte. Le prince Frédérick-Charles, avec la moitié des forces prussiennes, sachant parfaitement ou devant savoir que le prince royal, avec l'autre moitié, ne pouvait arriver que vers midi sur le lieu de l'action, commence cependant l'attaque vers les sept heures et demie du matin. Le général Benedeck avait donc devant lui cinq heures pour l'écraser et c'était chose facile, vu la supériorité numérique écrasante dont il pouvait disposer.

Il n'en fit rien, et agissant comme nos généraux, il se contenta de repousser l'attaque et laissa jusqu'à midi, c'est-à-dire jusqu'à l'arrivée du prince royal, son aile droite et son centre immobiles.

Cette chance singulière, qui poursuit nos vainqueurs, nous fait songer, malgré nous, à ce tyran de Sicile dont les entreprises les plus folles étaient toujours couronnées du succès le plus complet.

L'histoire nous rapporte qu'il ne put même pas perdre son anneau, anneau qu'il avait jeté volontairement dans la mer et qu'il retrouva miraculeusement dans le ventre d'un poisson servi sur sa table. Un an après, il est vrai, il était détrôné et mourait de mort violente.

Nous dirons, en finissant, quelques mots sur notre

organisation militaire. Avant tout, il doit être bien entendu que nous ne demandons, en aucune façon, l'application immédiate des réformes que nous allons proposer ; ce serait dangereux, surtout dans les circonstances présentes. Nous demandons seulement qu'elles soient discutées, étudiées avec soin, et qu'après avoir reconnu leur utilité, on les mette en pratique, en modifiant lentement et sans secousses notre état militaire, ce qui est facile. Ajoutons qu'il aurait été bien plus avantageux de les adopter immédiatement ; malheureusement, M. Thiers était alors président de la République, et il nous a fallu, encore une fois, subir son influence néfaste.

Cette loi sur l'armée est de beaucoup la plus importante de toutes ; une bonne armée, en effet, peut seule assurer notre indépendance. L'opinion à peu près générale demande que notre organisation militaire soit l'objet de profondes modifications. On voudrait :

1° Réduire le service actif de cinq ans à trois ans.

2° Supprimer le volontariat d'un an, qui donne de mauvais résultats et qui, après tout, n'est qu'un privilége dont profitent seules les classes aisées, sans aucun avantage pour l'État.

3° Améliorer la position de nos sous-officiers d'une façon sensible. Une armée, en effet, formée de jeunes gens ayant tout au plus trois ans de présence sous les drapeaux, ne saurait offrir de garanties sérieuses qu'à la condition d'être encadrée solidement.

4° Assurer aux officiers une retraite plus convenable, afin de leur permettre, sur leurs vieux jours, de vivre sinon aisément, du moins sans trop de privations.

Nos idées n'ont pas changé depuis 1871 ; voici comment

nous proposions de résoudre ces différentes questions :

Il faut forcer, disions-nous, tous nos jeunes gens à servir personnellement ; bourgeois, ouvriers, paysans, soumis à la même discipline, vivront d'une vie commune, participeront aux mêmes travaux et n'auront, du moins pendant quelques années, d'autres avantages les uns sur les autres que ceux que la nature ou l'éducation leur ont donnés. Ce contact forcé des différentes classes de la société fera disparaître bien des méfiances, apaisera bien des haines et rendra les relations plus faciles ; il s'établira, en un mot, une espèce de camaraderie d'armes, analogue à la camaraderie de collége. La jeunesse recevra une instruction plus virile et aura conscience des devoirs qu'elle est appelée à remplir. Exercée au maniement des armes, façonnée par la rude vie des camps, elle aura confiance en elle-même et ne craindra plus de descendre dans la rue pour défendre l'ordre attaqué et de marcher contre l'ennemi quand il le faudra. En se plaçant à ce point de vue élevé, on peut dire que le service obligatoire est un des moyens les plus puissants pour moraliser et régénérer une nation. Toutefois il ne pourra donner de pareils résultats qu'à la condition d'être sérieusement appliqué et d'avoir une durée assez longue (trois ou deux ans au moins), autrement, il aurait plus d'inconvénients que d'avantages.

Il ne faut faire surtout aucune exception ; les personnes infirmes devront seules être dispensées. Ceux qui se destinent au sacerdoce, à l'instruction publique, ne peuvent être mis en dehors de la loi commune. La partie qu'ils veulent embrasser exige un grand dévouement, ils en feront l'apprentissage dans la carrière des armes et nous ne voyons aucun inconvénient à ce qu'ils arrivent deux ou trois ans plus tard prêtres ou professeurs.

On a dit et répété souvent qu'un pareil système ne saurait être adopté qu'au grand détriment des arts, des sciences et des lettres. Telle n'est pas notre opinion. Le service militaire commençant pour les jeunes gens dès l'âge de vingt-un ans, beaucoup d'entre eux verraient, sans doute, leurs études interrompues ; c'est là une difficulté, et une difficulté grave, mais qu'il est facile de tourner.

Prenons, par exemple, le jeune homme qui se destine à la médecine ; c'est bien, sans contredit, la carrière qui exige les études les plus longues ; en sortant du collége à dix-sept ans, il sera reçu docteur à vingt-deux ans, puisqu'il faut généralement cinq années pour arriver au doctorat. Si donc, au lieu de l'appeler à vingt-un ans sous les armes, vous l'appelez à vingt-trois, vous ne lui portez aucun préjudice.

En outre, en reculant ainsi de deux ans l'arrivée sous les drapeaux, vous aurez des soldats plus robustes, plus aptes à supporter les fatigues de la guerre, et en même temps, des médecins, des vétérinaires, des mécaniciens, des chauffeurs, des ingénieurs, etc., etc., dont l'intelligence et les connaissances pourront être d'un grand secours pendant la durée d'une campagne. On se mariera deux ans plus tard, mais il n'y aura vraiment pas grand mal.

Le temps de service devrait être, selon nous, de trois ans. Cependant, ceux qui, au bout de deux ans, feraient preuve d'une éducation militaire suffisante et d'une conduite irréprochable, pourraient être immédiatement admis à passer dans la réserve, à la condition toutefois, de verser dans les caisses de l'État une somme de 1,000 francs.

On peut estimer qu'il y aurait au moins, dans chaque classe, 20,000 soldats qui demanderaient à jouir de cette faveur. L'État encaisserait donc tous les ans une somme de vingt millions qui, placée en rentes ou de toute autre façon, produirait, au bout de quelques années, un capital énorme.

Ce capital serait employé à créer une caisse de retraite pour nos sous-officiers. Il ne faut pas, en effet, se faire d'illusions, des hommes n'ayant tout au plus resté que trois ans sous les drapeaux, ne peuvent nous donner des soldats comparables à ceux que l'on obtenait en exigeant sept ans de service. Il faut donc par compensation, qu'ils soient bien commandés et que nous ayons d'excellents sous-officiers. En donnant à ces derniers une bonne retraite (600 ou 800 francs), au bout de dix à douze ans de service dans l'armée active et aux plus méritants, s'ils sont capables, quelques places dans les administrations, comme cela se fait actuellement, il sera facile d'arriver à ce résultat. La position de sous-officier sera très-recherchée, le gouvernement pourra se montrer-difficile et choisir, et de plus, il n'aura, c'est l'important, aucune dépense à faire.

Il y a un grand défaut dans l'organisation actuelle; la durée du service est de cinq ans, mais on est obligé, faute d'argent, de diviser l'armée active en deux parties : l'armée active proprement dite, et la réserve. Cette réserve, qui reste tous les ans à peine un mois sous les drapeaux, ne peut recevoir une instruction suffisante et c'est là un vice radical.

Le nombre des conscrits qui, chaque année, doivent tirer au sort, est d'environ 160,000 ; 95,000 à peu près forment l'armée active et le reste constitue la réserve. Cela nous fait donc, puisque l'armée active est composée de cinq classes (95,000 × 5 = 475,000), une armée de 475,000 hommes.

Dans le système que nous proposons, les 160,000 conscrits seraient tous appelés, mais comme ils ne serviraient que trois ans, nous n'aurions sous les drapeaux que le même nombre de soldats, (160,000 × 3 = 480,000), c'est-à-dire 480,000 hommes.

La dépense resterait donc la même, mais les résultats seraient bien différents, car tous nos soldats auraient passé trois ans, ou au moins deux ans, dans nos régiments et c'est là l'important.

Il est hors de doute, en effet, que deux ans et *à fortiori* trois ans, sont plus que suffisants pour apprendre au conscrit servant soit dans l'infanterie, soit même dans les armes spéciales, tout ce qu'il doit savoir. Il n'aura pas, il est vrai, cette discipline, cette fermeté, cet esprit militaire qui caractérisent les vieux soldats et qui ne s'acquièrent qu'avec les années, toutefois, s'il est bien encadré et bien commandé, il marchera contre l'ennemi avec autant d'entrain que les plus vieux grognards.

Quant à la réserve, sans compter l'armée territoriale, elle serait formée par les trois ou quatre dernières classes, qui auraient accompli leurs trois années de service actif.

Les bons cadres sont donc la cheville ouvrière tout aussi bien du système que nous proposons, que du système qui nous régit actuellement. Tout le monde est d'accord sur cette question. Malheureusement, depuis quatre ou cinq ans, nos législateurs, sans cesse occupés de discussions oiseuses et politiques, se contentent d'avoir mis ce sujet à l'étude sans l'étudier et l'ajournent continuellement. Il est urgent cependant d'en finir. On a souvent consulté les ministres de la guerre ; malheureusement ils se succèdent les uns aux autres avec une rapidité déplorable.

Une pareille instabilité ne permet pas d'établir quelque chose de sérieux et de durable. Le ministre de la guerre, dans les circonstances graves que nous traversons, devrait être à l'abri de toutes ces fluctuations politiques.

Quoi qu'il en soit, presque tous nos ministres ont proposé de donner aux sous-officiers qui signent un nouvel engagement, une prime en argent dont ils toucheraient une partie immédiatement et l'autre partie à leur sortie du régiment. Nous ne sommes nullement de cet avis, et sans nous occuper de savoir si cet argent est dépensé follement, ce qui arrive en effet le plus souvent, nous voyons dans cette manière d'opérer, une perte définitive et considérable pour l'État. On veut relever, dit-on, le sous-officier à ses propres yeux et aux yeux du soldat ; c'est une idée excellente, mais pour y arriver, ce qu'il y a de mieux à faire, c'est de le traiter comme le sont les officiers eux-mêmes, c'est-à-dire de lui servir une retraite sa vie durant, retraite qui doit s'éteindre à sa mort et servir à récompenser de nouveaux titulaires.

Nos sous-officiers, pour la plupart du moins, abandonnent, il est vrai, l'état militaire après avoir accompli le temps de service exigé par la loi, nous le savons par expérience et cela date de loin. Bien avant 1870, il était admis dans les régiments qu'il fallait quitter le service le plus tôt possible et qu'il était facile, quand on avait porté des galons, d'obtenir un emploi très-avantageux dans une administration quelconque. Que de fois avons-nous vu de braves gens que nous aimions, que nous estimions, persister, malgré l'avis de leur capitaine et de leur colonel dans ces funestes idées ! Un an ou deux plus tard, nous les retrouvions désabusés, regrettant amèrement leur résolution ; malheureusement il était trop tard, on ne pouvait plus rien pour eux. Cette liberté, qu'ils voulaient reconquérir avant tout, avait consisté, ils le reconnaissaient alors, dans la faculté de pouvoir travailler dix à douze heures par jour. Leur position présente était plus pénible, moins agréable et moins avantageuse que celle qu'ils avaient au régiment.

Tous nos bons sous-officiers, nous parlons ici, bien entendu, de ceux qui n'ont aucune espérance de monter plus haut, nous viennent de la campagne ; qu'on leur accorde, comme nous le demandons, après dix ou douze ans de service dans l'armée active, une retraite de 6 à 800 francs et ils arriveront dans leur village à l'âge de trente-cinq ans, ayant 2 francs à dépenser par jour jusqu'à la fin de leur existence. Dans de pareilles conditions, il leur sera facile de faire un mariage avantageux, et pour peu qu'ils veuillent se livrer à un travail quelconque, ils se trouveront forcément faire partie des gens les plus riches et les plus importants de leur commune. Or, le paysan, s'il n'est pas toujours intelligent, possède un grand sens pratique; il comprendra immédiatement les avantages de cette position à laquelle il peut aspirer. A partir de ce moment, le recrutement de nos sous-officiers sera facile et le Gouvernement n'aura plus que l'embarras du choix.

La caisse de retraites dont nous avons parlé s'augmentant tous les ans de 20 millions, c'est-à-dire de 1 million de revenu (sans compter les intérêts des intérêts), sera, au bout des douze ans exigés pour la retraite des sous-officiers, non-seulement suffisante pour subvenir à cette dépense, mais encore susceptible de fournir les sommes nécessaires pour faire manœuvrer sérieusement nos réserves. Au bout d'une cinquantaine d'années, cette caisse aura un revenu comparable à celui de l'État qui, dès lors, n'aurait plus à s'occuper ni du budget de la guerre, ni des autres dépenses militaires.

Cette idée est simple, pratique, ne donne lieu à aucune objection; elle a été émise et prônée par bon nombre d'officiers, et pour toutes ces raisons, elle n'a aucune chance d'être admise. Il en sera ainsi tant que nos Chambres, au lieu d'être formées d'hommes sérieux et s'occupant d'affaires, seront peuplées d'avocats bavards et sans idées. Peut-être un jour cependant, un démocrate à tous crins, et par suite influent, la fera-t-il adopter en la donnant comme sienne. Exemple : M. Gambetta et un de ses collègues viennent, dit-on, de proposer à la Chambre de donner aux officiers une retraite équivalente à la solde de leur grade, à la condition qu'il serait fait annuellement sur cette solde une retenue de 5 0/0 au lieu de 3 0/0. Cette idée ne leur appartient pas, elle a été émise depuis plus de vingt ans. Soyons juste cependant ; si grâce à leur influence elle est adoptée, on devra leur en savoir un gré infini, car l'Empire a eu le grand tort de ne pas s'en occuper. Nous croyons devoir ajouter, car nous nous sommes occupé dans le temps de cette question, que les calculs sur lesquels ils ont appuyé leur projet, ne sont pas très-exacts ; il faudrait faire sur la solde une retenue plus forte, surtout s'ils veulent améliorer aussi les pensions des veuves d'officiers. Dans tous les cas, la République, en prenant l'initiative de cette réforme si longtemps désirée et qui arrachera à la misère tant de braves gens qui ont consacré la plus grande et la meilleure partie de leur existence à la défense de la patrie, aura droit à toute leur reconnaissance. C'est en sortant des débats stériles, en renonçant à des invalidations scandaleuses, en proposant des mesures justes et utiles, que les républicains vraiment dignes de ce nom, pourront arriver à fonder la République. Loin d'être opposant, nous applaudirons alors de tout cœur.

Châteauroux, 15 mars 1878.

Châteauroux. — Typog. et Stéréotyp. A. Nuret et Fils.